重庆文理学院学术专著出版资助

高校

师范类专业认证质量保障体系建设研究

——以英语专业为例

林艳青 刘俊玲 / 著

武汉理工大学出版社

·武 汉·

内容提要

　　师范类专业认证坚持"学生中心，产出导向，持续改进"的认证理念，是推动高校师范类专业教育教学质量的有力抓手。本书旨在深入探讨高校师范类专业认证中的质量保障体系建设研究。介绍了校院两级教学质量保障体系的架构与运行，并以英语专业师范认证为例，从内部监控机制、外部评价机制、持续改进机制等方面详细阐述了高校教学质量保障体系的建设与实践。本书案例丰富，深入浅出，对高校推进师范类专业认证具有很强的指导性和可操作性。

图书在版编目 (CIP) 数据

高校师范类专业认证质量保障体系建设研究：以英语专业为例 / 林艳青，刘俊玲著 .
武汉：武汉理工大学出版社，2024. 7. -- ISBN 978-7-5629-7166-5

Ⅰ .G649.2

中国国家版本馆 CIP 数据核字第 20247KK218 号

责任编辑：尹珊珊
责任校对：严　曾　　　排　　版：任盼盼
出版发行：武汉理工大学出版社
社　　　址：武汉市洪山区珞狮路 122 号
邮　　　编：430070
网　　　址：http：//www.wutp.com.cn
经　　　销：各地新华书店
印　　　刷：北京亚吉飞数码科技有限公司
开　　　本：710×1000　1/16
印　　　张：15.5
字　　　数：246 千字
版　　　次：2025 年 1 月第 1 版
印　　　次：2025 年 1 月第 1 次印刷
定　　　价：95.00 元

前言

在全球化的背景下,英语已成为跨文化交流的桥梁。中国,作为世界上最大的英语学习群体的所在地,其高等教育体系对英语教育的需求日益增加。随着国家对教育质量的日益关注,师范类专业认证逐渐成为教育体系改革的焦点。其中,质量保障体系成为确保教育改革实际效果的关键。

本书旨在深入探讨高校师范类专业认证中的质量保障体系建设,以英语专业为例来具体分析这一过程,包括认证标准与英语专业的特性:探讨《中学教育专业认证标准(第二级)》的主要内容和要求,并分析英语专业在满足这些标准时所面临的特定挑战和机会;教学质量保障体系架构与运行方式:描述学校和院系两级的教学质量保障体系如何建立和运行,评估这些体系对英语专业毕业要求的支持作用;内部监控的机制与实施:分析学校和院系两级如何建立和实施教学质量监控与评价机制,探索英语专业如何满足毕业要求,并评价这一过程的有效性;外部评价的机制与实践:描述毕业生持续跟踪反馈机制的实施过程,分析多元社会评价机制如何影响英语专业的培养目标达成;持续改进策略与实践:分析评价结果如何被用于推动英语专业教育的持续改进,探讨学校和院系如何制定和实施针对英语专业的改进策略。通过本书,我们希望为高校师范类专业,特别是英语专业,提供一个具体、系统的质量保障体系建设模型,并为其他专业提供参考和启示。

本书的目的是探讨如何建设、维护和持续改进高校英语专业的质量保障体系。此外,我们还将深入研究如何确保认证标准在实际教育实践中的应用,以及如何评估这些实践的有效性。本书希望为教育工作者、相关专业学者、政策制定者以及对师范教育感兴趣的读者提供一个深入的、具有实证基础的研究视角。它不仅展示了英语专业如何建设和维护其质量保障体系,还为其他学科和领域提供了宝贵的经验和启示。

本书采用了多种研究方法以确保对高校师范类专业认证中的质量保障体系建设有一个全面而深入的理解,采用的主要研究方法包括文献回顾、实证分析、深度访谈、案例分析、评价与反馈分析等。文献回顾,即对相关文献进行系统回顾,以了解师范专业认证的发展背景、现状和趋势,以及质量保障体系的理论基础和实践应用。实证分析主要是通过分析学校和学院制定的各种相关文件、办法和实施细则等第一手资料,对英语专业的质量保障体系建设进行深入探究。深度访谈指对相关教师和学生进行深度访谈,了解他们对质量保障体系的认知、体验和建议,这些访谈资料为研究提供了宝贵的第一手信息。案例分析主要是选取特定的课程、教学环节或事件作为案例来进行深入分析,探讨质量保障体系在实际教学中的运作和效果。评价与反馈分析包括通过分析教学过程质量监控原始记录、毕业生跟踪反馈、社会评价信息等,评估质量保障体系的有效性和对教育质量的实际贡献。以上研究方法旨在从多个角度、多个层面对英语专业的质量保障体系建设进行系统研究,以期为高等教育领域提供有价值的理论和实践参考。

本书从对高校师范类专业认证的介绍开始,探讨质量保障体系在师范类专业认证过程中的地位和作用,然后按照师范类专业认证自评报告的要求,结合英语专业师范认证的实践,对质量保障体系的建设、运行和改进等各方面的成果和不足进行介绍,最后以英语专业为例对师范类专业认证质量保障体系进行实证分析。全书共六章,第一章主要概述了高校师范类专业认证的基本情况,并对所涉及的学校和专业进行了介绍;第二章主要介绍师范类专业认证中教学质量保障体系在学校和院系中如何构建和运行,并对其中存在的问题和改进措施进行分析和阐述;第三章和第四章主要围绕教学质量保障体系的内部监控和外部评价机制进行介绍,并结合实践案例进行经验分享;第五章主要探讨质量保障体系如何进行持续改进以及依然存在的问题该如何解决;第六章则以英语专业为例对师范类专业认证中质量保障体系进行实证分析,包括分享认证背景下如何进行英语核心课程建设和课程思政建设。

本书由林艳青和刘俊玲共同完成,具体分工如下:第一、二、六章,共 4.7 万字,由林艳青完成;第四、五章,共 4.8 万字,由刘俊玲完成;第三章共 11.9 万字,由两位作者共同完成。

本书在撰写过程中,得到了很多专家、学者、同行的指导和同事的帮助,在此表示衷心的感谢。由于时间仓促,作者水平有限,书中错误和不足之处在所难免,恭请广大读者批评指正。

林艳青　刘俊玲

2024 年 3 月 15 日

目录

第一章

绪　论

第一节　高校师范类专业认证概述

　　1966 年,联合国教科文组织在《关于教师地位的建议》中提出,强调将教师工作视为一种专门职业。该提议认为,这一职业不仅需要教师接受严格的训练,还需持续进行研究以获取并保持所需的专业知识和技能(檀传宝,2009),从而正式确立了教师的专业性地位,并逐渐形成了教师教育发展走专业化发展道路的这一关键理念(路书红,黎芳媛,2017)。

　　2012 年,教育部提出要深化教师教育改革,提及制定师范类专业认证标准。2014 年,教育部颁布了师范类专业认证标准,启动了师范类专业认证试点工作。2017 年,教育部印发《普通高等学校师范类专业认证实施办法(暂行)》的通知,正式实施普通高校师范类专业认证工作。这标志着我国师范认证的全面启动,师范类专业建设有了新标准。开展师范类专业认证将有利于重塑教师培养体系,提高教师培养质量,推进教师教育振兴发展(李泽民,2018)。

　　师范类专业认证的对象包括普通高校师范类本科专业和教育类专

科专业,具体包括学前教育、小学教育、中学教育、职业教育和特殊教育等专业。

师范类专业认证这一国家顶层教育制度设计以推进师范教育高质量发展和持续提升教师培养质量为宗旨,此认证机制是实现党和国家关于教师队伍建设政策的有效途径,同时也是提升师范教育质量建设的创新手段(洪早清,2024)。师范专业认证提出了"学生中心、产出导向、持续改进"的基本理念。其中,"学生中心"强调专业建设以学生发展为中心,考查全体学生整体的能力发展水平和培养目标达成度,在专业定位和人才培养过程中,要围绕学生群体的发展需求,努力达到预期的教育效果(路书红,黎芳媛,2017)。"产出导向"强调质量至上,将培养目标和毕业要求的达成作为专业建设的核心目标,关注学生培养质量的有效达成;以师范生核心能力素质的要求,对教育质量进行校内与校外评价,将目标达成度作为师范生培养的生命线。"持续改进"即重视专业质量的建设过程,关注建立全过程质量保障机制,对师范类专业教学采取全方位、全过程评价,并根据评价反馈意见持续改进,逐渐形成"评价—反馈—改进"的闭环,推动人才培养质量的持续提升。

第二节　高校师范类专业认证的重要意义

在我国,随着教师教育向开放性和综合性发展的趋势日益明显,师范类专业认证显得尤为关键。师范类专业认证是贯彻落实习近平新时代中国特色社会主义思想和党的十九大精神,深化新时代教师教育改革、全面保障和提高师范类专业人才培养质量、推进师范类专业内涵式发展的重要举措,是我国高等教育质量保障体系的重要组成部分(教育部教师工作司,2018)。这一认证机制是国家振兴教师教育的重大举措,对促进教师教育改革、提升师范类人才培养质量有着重大的意义(谢柯,2021)。这一过程不仅是为了提高教师教育中人才培养的质量,更是在努力构建并不断完善具有中国特色的教师教育质量保障与监测体系的战略部署。该认证机制的实施旨在通过规范和引导师范类专业的健康发展,深化教师教育的各项改革,从而构建一个高水平的教师教育培养体系。通过这种方式,我们期望打造出一流的教师教育体系,以适应当前和未来社会对高质量教育人才的需求。

具体而言,这项战略部署关注几个关键方面:首先,通过确立一套明确的认证标准和程序,保证教师教育专业的培养方案能够满足国家和社会的需求;其次,强化师资队伍建设,确保教师教育的质量从源头得到保障;再次,优化课程设置和教学方法,创新教育教学模式,以提升学生的综合素质和专业能力;最后,加强实践教学环节,通过与基础教育阶段的紧密结合,提高未来教师的实践教学能力。

这一系列措施旨在通过一个系统化、科学化的框架来规范师范教育,既是对当前教师教育体系的一次全面审视,也是对未来发展方向的明确指引。通过这样的战略部署,我们能够促使高校不断推进教师教育改革,优化教师教育结构,提高教师教育的质量和效果,为培养出更多优秀教师奠定坚实的基础。

中国高校师范类专业认证的重要意义主要体现在以下几个方面。

一、提高教育教学质量

教师扮演着学校教育活动的组织者和执行者的角色,对学校教育有着至关重要的影响,教师的素质直接决定了教育的质量水平(薛海平,2008)。师范类专业认证是一种对师范专业教育质量的外部审查和评估机制。一系列严格的评估标准和规范化、系统化的评价流程,能够促进高校师范类专业进行全面的综合改革,有助于完善教师教育质量保障体系(胡万山,2018)。这有助于提高师范教育教学的整体质量,提升未来教师的专业知识、教学技能以及综合素养,确保他们能够胜任教育工作,满足基础教育发展的需要。

二、促进教育改革与创新

师范类专业认证过程鼓励高校不断地探索和实施教育改革与创新,推动师范教育的课程内容、教学方法和管理模式等方面的优化。这种改进和创新有助于师范教育适应时代发展的需求,提高教师培养的效率和质量。认证过程通常会暴露出教育过程中的不足和问题,这能为高校提供一个改革的方向和契机,推动学校根据认证要求进行自我完善和提升。

三、保障教师队伍质量

师范类专业认证能促使高校重视师资队伍的建设,提高教师教育的师资质量。师范类专业的学生毕业后大多数会成为中小学教师,他们的培养质量直接关系到国家的教育质量。通过认证,可以确保培养出的教师具备必要的教育理念、知识结构和教育能力。

四、提升高校竞争力和社会认可度

成功通过专业认证的师范类专业能够显示出该高校在教师教育领域的优势和实力,这有助于增强高校的竞争力和吸引力。同时,师范类专业认证也可以提高社会对于该校师范教育质量的认可和信任,有利于毕业生的就业。

五、促进校际合作与资源共享

师范类专业认证在促进高校间竞争与合作方面发挥着重要作用。

师范类专业认证能提升教育质量以增强竞争力。通过师范类专业认证,各高校被激励去提升其教师教育专业的质量,以满足认证标准。这种追求高质量的教育过程促使各高校之间形成一种健康的竞争关系。为了在认证过程中获得认可,各个高校都会努力改善教育资源配置、优化课程设计、加强师资队伍建设以及提高教学与实践环节的效果。这种竞争促进了教育质量的整体提升,增强了高校在师范教育领域的竞争力。

师范类专业认证能加强高校间的资源共享,在认证的过程中,高校之间的合作也将得到加强。为了共同达到更高的教育标准,高校之间可能会分享教学资源、研究成果和最佳实践。这种资源共享不仅有助于各自提升教育质量,还能促进高校之间的相互学习和经验交流,加深了校际合作关系。

师范类专业认证能够成为创新和改革的动力。在师范类专业认证的推动下,高校间的竞争和合作共同促进了教师教育领域的创新和改革。为了在竞争中脱颖而出,高校会寻求创新的教学方法和改革教育模式。同时,通过与其他高校的合作,共同探索新的教师培养方案,这些创新和改革的尝试对提升教育质量和效率都有着重要意义。

师范类专业认证能帮助调整标准化与个性化的平衡。师范类专业认证既强调教育质量的标准化,也鼓励高校根据自身特色进行个性化发展。这种平衡促使高校在追求认证标准的同时,还要注重发挥自己的独特优势,促进了高校间基于特色和优势的竞争与合作。

综上所述,中国高校师范类专业认证对于提高我国师范教育质量、推动师范教育改革、保障教师队伍质量等方面都具有重要的意义,是我国高等教育质量保障体系的重要组成部分。

第三节　《中学教育专业认证标准(第二级)》概览

教育部2017年10月发布《师范类专业认证工作指南(试行)》和《师范类专业认证自评报告撰写指导书(试行)》等文件,同时颁布师范类专业认证《中学教育专业认证标准(第二级)》,我国的师范类专业认证工作正式在全国启动。面对日益发展的现代社会,中学教育作为培养国家未来人才的重要环节,其质量直接关系到国家和社会的未来。《中学教育专业认证标准(第二级)》(简称《认证标准》)为中学教育专业的认证与评价提供了权威的标准与指南。《中学教育专业认证标准(第二级)》是针对中学教育专业在高等教育机构中的认证和评价的一套详细标准。该标准全面涵盖了教师教育的各个关键领域,确保培养出的师范生具备高质量的教育背景、教学能力和职业素养。

一、目标与特色

《认证标准》首先明确了中学教育专业的培养目标,包括培养高素质、专业化的中学教师,以及具备创新能力和国际视野的教育领导者。

这一目标不仅要符合国家教育发展的需要,还要顺应时代发展的潮流。同时,专业特色为高校提供了自我定位与特色发展的方向,使教育培养更具针对性与差异性。

二、培养制度

《认证标准》明确提出,中学教育专业的培养不仅要有完备的课程体系,还要注重实践与实验教学,保证师范生在理论与实践中均能获得全面的成长。它强调了培养方案、课程设置的适应性与先进性,要求与国家教育和地方教育需求相适应,而不是僵化地执行。

三、教学环境

一个良好的教学环境是保证教育质量的关键。《认证标准》对此提出了硬性的要求,强调教学场所、实验设备、信息化设施等必须满足师范生的学习与研究需求,保障他们在优质环境中接受教育。

四、师资队伍

优质的师资是教育质量的核心保障。《认证标准》对此提出了明确要求,从教师数量、学历背景、职称到实践经验均有详尽的规定。特别值得一提的是,教师队伍中要有一定比例的具有中学教育服务经历的教师,这确保了理论与实践相结合,为学生提供更加接地气的教育。

五、支持条件

优质的教育不能离开充分的资源保障。《认证标准》明确规定了教育教学经费、设施、资源等的标准,确保教学活动能够得到实质性支持。

六、质量保障与学生发展

《认证标准》特别强调了教育质量的保障与监控机制,旨在确保每一位师范生在毕业时都能达到既定的教育目标。同时,对于师范生发展也有详尽的规定,涵盖从招生、学业、指导到就业等方面,全方位确保师范生的成长与发展。

综上所述,《中学教育专业认证标准(第二级)》为中学教育专业的建设与发展提供了明确的方向和标准。它不仅对中学教育专业提出了具体要求,更为教育者们提供了一个自我检视、持续改进的工具,推动师范院校的中学教育专业发展不断走向卓越。这一标准的制定与实施,对于提高我国中学教育的整体水平,培养出更多高素质的中学教师,具有深远的意义。

第四节　质量保障体系在高校师范类专业认证中的地位

质量保障体系是指学校为了有效实现教育目标,在人才培养活动中,对教育质量的管理环节和各个过程进行综合性整合。通过采用制度化和结构化的管理方法,对教学活动进行持续的动态监控,对检测到的问题提出解决方案。该体系确保教学相关的所有环节和参与者协同工作,目的是提高教学管理的效率和教育质量的整体水平(肖丽,2023)。质量保障体系在师范认证中占有至关重要的地位。办好师范类专业必须构建和完善专业人才培养质量保障体系。首先,质量保障体系是保障高等院校师范类专业教学质量基本水平的需要,人才培养是高校的中心工作,完备的质量保障体系保证教学工作遵循人才培养的科学规律,培养能够满足预期设定目标的专业人才。其次,质量保障体系是推进高等院校形成办学特色的客观需求,高等院校必须走内涵式发展道路,需要关注的核心问题便是本科教学质量水平的强化和提升,通过质量保障体系可以不断发现和改革完善影响内涵式发展的不利因素与阻碍条件,进而不断凝练师范类专业办学特色。

一、确保教育目标的达成

质量保障体系首先明确设定教师教育的目标和标准,这些目标和标准为课程设计、教学方法、学生评估和教师发展提供了清晰的方向和期望。质量保障体系确保高校师范类专业在其声明的教育目标和学习成果中提供一致性。这意味着学生将获得他们预期的教育和技能，为未来的职业生涯做好准备。

二、提供反馈与改进机会

质量保障体系内建立定期的评估和反馈机制，用以监控教育过程和结果是否符合既定目标和标准。这包括内部自我评价和外部评估，确保客观、全面地审视教育实践。基于评估结果，质量保障体系强调持续改进。师范类专业需根据反馈调整教学课程内容、课程教学实施过程、课程评价体系等，以确保教育目标的实现，并促进教育质量的提升（由建伟，刘静，2023）。质量保障不仅是一个评估过程，而且为高校师范类专业提供了一个改进和自我反思的机会。

三、促进国际交流与合作

在全球化背景下，师范教育也越来越国际化。一个经过质量保障认证的高校师范类专业更容易与国外的教育机构建立合作关系，为学生提供更广泛的学习和交流机会。

四、确保教育资源的有效利用

质量保障体系确保高校师范类专业有效地使用资源，为学生提供最佳的学习体验。这意味着资源，如预算、设施和教师，都用于最关键的地方，从而最大化学生的学习成果。

五、促进持续的专业发展

为了满足质量标准，高校师范类专业需要以培养目标、毕业要求、课程设置等为核心，按照师范类专业认证的要求，广泛且持续地开展多元评价，不断完善师资队伍建设，提高人才培养质量，促进专业长足发展，持续提升教育质量(严赞开,2023)。

综上所述,质量保障体系在师范类专业认证中不仅是一种评估和监控机制,更是促进教育机构持续改进和创新的工具。它确保师范教育满足社会的需求,并为学生提供高质量的教育经验。

第五节　学校及专业介绍

一、专业所在学校的简介以及教师教育情况

重庆文理学院是重庆市人民政府主办的全日制普通本科高等学校,其前身重庆师范高等专科学校和渝州教育学院分别创办于1976年和1972年;2001年5月,两校合并组建为渝西学院;2005年4月,更名为重庆文理学院。现有本科专业66个(师范类专业9个),涵盖10个学科门类,教师1390余人,其中博士370余人,在校生2万余人。拥有国家一流本科专业建设点9个,省级一流本科专业建设点20个,国家级精品在线开放课程1门,国家一流课程2门,省级一流课程50门,获国家级教学成果奖3项,省级教学成果奖54项。学校始终坚持以教师教育为办学底色,以做精做优师范类专业为目标。学校创建的"卓越教师教育实验班"人才培养模式被教育部列入"全国教师队伍建设优秀工作案例"。

二、本专业发展沿革情况

重庆文理学院外国语学院是学校办学历史最为悠久的院系之一,1977年开始筹建外语系并从中师招收一年制短训班,1978年开始招收英语专科学生。学院历经江津师范专科学校外语系、重庆师范专科学校外语系、重庆师范高等专科学校外语系。2001年重庆师范高等专科学校外语系与渝州教育学院英语系合并组建为渝西学院外国语系,同年开始招收英语专业本科学生。2008年7月成立重庆文理学院外国语学院。

英语专业于1978年开始专科招生,2001年开始本科招生,是重庆

文理学院办学历史悠久和底蕴深厚的优势专业之一。本专业学制为四年,授予文学学士学位,办学地点为重庆文理学院红河校区,目前在校生361人,年招生规模保持在100人左右。

本专业师资力量雄厚,现有专任教师33人,其中教授5人,副教授15人,硕士生导师5人,教育部师范类专业认证专家1人,重庆市普通本科高等学校外国语言文学类专业教学指导委员会委员2人,84%以上的教师具有硕士和博士学位,80%以上的教师曾在国外进修、学习和工作。此外,学院还常年聘任基础教育学校优秀教师7人。师资队伍人员充足,职称、年龄和学缘结构合理,具有良好的教学水平、学术水平和基础教育教学实践能力,形成了一支结构合理、朝气蓬勃、勤奋敬业、专业过硬的师资队伍。

本专业建设经费足额投入并逐年增长,生均投入和支出均高于学校平均水平。除学校共享的资源外,学院建有同声传译实验室2间、语言实训室3间、语言实验室25间,设备总值近千万元,教育教学设施能满足师范生培养需求。专业不断加强教学资源建设,数字化教学资源较为丰富,除可供利用的学校图书资料外,外国语学院建设有专业资料室,馆藏专业图书资料25000余册,专业期刊100余种,拓宽了学生的学习途径。

本专业拥有市级课程思政示范教学团队1个,依托教育学市级重点学科和校级科研平台外语教育研究所、翻译研究所、比较文化研究所,助力未来教师多元发展。推行基于OBE理念的教学模式,专业特色和优势鲜明,人才培养效果明显。2019年以来,本专业学生在全国、省级师范生教学技能大赛、英语演讲、英语写作、英语阅读、英语口译大赛、微课大赛等专业赛事中获得省级及以上奖项40余项,其中获得国家级一等奖2项,二等奖5项。近三届毕业生初次就业率平均在86%以上,岗位实践能力获得就业单位广泛认可。

第二章

师范类专业认证质量保障体系的构建与运行

　　申请参加师范类专业认证是构建和完善专业人才培养质量保障体系的契机和抓手。在五类师范专业认证标准中，均有"质量保障"这一指标，对质量保障体系构建和运行完善提出了明确要求。专业要达到认证标准，需要构建三个质量保障机制：一是建立学校内部教学过程质量监控与评价机制（刘冰，2023），重点是课程体系合理性评价与课程目标达成度评价机制和毕业要求达成度评价机制，要求聚焦评价学生的学习成效，即学生是否获得课程教学大纲和毕业要求里描述的知识和能力，而不仅仅是传统常规的教学检查；二是建立毕业生跟踪反馈机制与制度规范（吴磊，马孝义，2020），以及中小学校、教育行政部门等利益相关方参与的多元化社会评价机制与制度规范，主要是定期对培养目标达成度开展评价；三是建立保证评价结果用于专业持续改进的制度（王宁，郭源博，孙长海，2019），定期综合分析使用内外部评价结果，落实"反向设计、正向施工"的要求，推动人才培养质量持续改进和提高（申斐，王恒超，2023）。

第一节　学校和院系两级教学质量保障
体系架构与运行方式

师范类专业认证作为师范教育质量提升的抓手,最根本的是产出导向,通过校内毕业达成度评价与校外用人单位满意度来评价,从导向到过程管理,再从评价持续改进,形成人才培养可持续发展的闭环。要实现人才培养的闭环,构建师范类专业质量的保障机制是重中之重,可推动师范类专业人才培养的质量不断发展(范雪峰,彭雪君,2022)。

一、学校教学质量保障体系架构与运行方式

为深入落实中共中央、国务院《深化新时代教育评价改革总体方案》、教育部《普通高等学校本科教育教学审核评估实施方案(2021—2025年)》等文件精神,全面贯彻党的教育方针,构建自觉、自省、自律、自查、自纠的质量文化,提高本科人才培养质量,优化涵盖全面、全程、全员的本科教育教学质量保证体系,学校于2021年制定了《重庆文理学院本科教育教学质量保证体系》。

该文件表明,学校遵循审核评估"五个坚持"基本原则,全面落实立德树人根本任务,突出"以本为本""四个回归",强化"学生中心、产出导向、持续改进"理念,坚持"五个度"(达成度、适应度、保障度、有效度、满意度)标准,紧扣本科教育教学改革主线,深化学校"三标一体"教育质量管理模型,构建具有学校特色的教育教学质量保障体系(图2-1)。

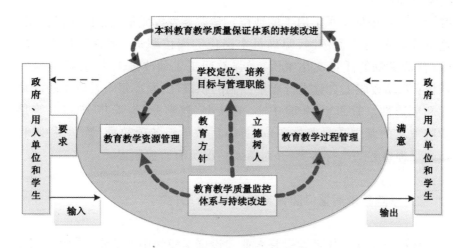

图 2-1 重庆文理学院本科教育教学质量保障体系

学校实行校院两级管理(即学校层面和学院层面)、三级监控(即学校职能部门、学院、教研室)的管理模式(图 2-2),建立健全全员参与的质量管理机制。

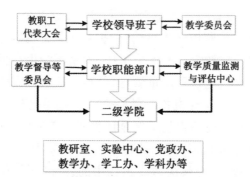

图 2-2 重庆文理学院教育教学质量保障组织架构

(1)决策层:学校领导班子主要负责学校发展的宏观策划,其决策咨询机构有教职工代表大会、教学委员会等。

(2)职能管理层:学校职能部门主要是依据自身所承担的管理职能,落实学校决策层的各项决定。其中质量管理机构有教学质量监测与评估中心、教学督导委员会办公室等。党政办公室作为目标管理职责的承担机构,按照目标编制依据,负责全校各二级部门的年度目标的编制、执行监督和考核。

(3)执行层。学院(教学科研单位)在学校三级监控体系(学校、学院、教研室)中处于承上启下的地位。学院要发挥质量监控的主体作用,建立完善的岗位责任制,明确每个岗位的岗位职责;加强质量意识教育,营造良好的质量文化氛围,增强教职工主动改进工作、提高质量的意识;调动教职工自觉进行质量控制的积极性,发挥每个教职工的能动性和创造性。教研室、实验中心、党政办、教学办、学工办、学科办等是学院下属的基层质量监控单位,具体负责学院各项教育、教学、科研和行政管理事务的执行落实,并对落实情况负有监控职责。

二、学院教学质量保障体系架构与运行方式

教学质量保障体系建设是专业建设诸多模块中的非常重要的一个,英语(师范)专业根据师范类专业认证要求,应用认证理念和标准,在师范专业教学质量保障体系的构建上进行探索,通过校内自评开展自我认证和申报参加师范类专业二级认证,完善专业建设,并且在专业认证的过程中积累理论和实践经验,不断促进专业人才培养质量的提升。

在学院层面,设有教学委员会、教研室、教学办公室、教学督导组等教学运行管理和质量监控保障机构,依据《重庆文理学院本科教育教学质量保证体系》,开展教学质量保障工作,紧紧围绕提高教学质量这一中心任务,实行全方位、全过程质量管理,并持续改进。党政联席会是学院教学质量保障工作的领导机构。学院党政一把手是教学质量保障工作的第一责任人。其主要职责是带领全体教职工落实学校办学定位,围绕应用型专业人才培养目标,贯彻执行学院教学质量保障工作制度,定期召开党政联席会议,研究解决教学工作中的各种问题,积极推进教育教学改革,确保教学中心地位。教学指导委员会是学院教学质量保障工作的指导机构,由院领导、教研室主任、骨干教师等组成。其主要职责是对本院教学质量保障工作提出建议,对教学改革重要决策进行指导,对教学质量监控评价信息进行分析和审议。教学办公室、各系(教研室)、学生工作办公室是学院教学质量监控工作的执行机构。

第二节　校院两级教学质量保障体系及其对专业毕业要求的支持作用

外国语学院本科教学管理监控体系由校、院两个层次组成,各管理机构有明确的分工与职责,负责对教学工作全过程进行计划、组织、控制、监督和评价,教学质量保障机构完善,质量保障目标清晰,任务明确,分工合理,能够有效支持毕业要求达成。建立了由校长、教务处、院长、教学副院长、主管学生工作副书记、教学办、学院教学秘书、系(教研室)主任、课程负责人以及校、院两级督导组和教学委员会等组成的本科教学管理体系。制定了一系列教学过程管理文件,规范教学过程,建立健全主要教学环节质量标准,完善教学质量监控体系,提高本科教学质量,并通过持续改进以促进本专业毕业要求的顺利达成。校院两级教学质量保障机构、目标、任务、职责分工、责任人及对专业毕业要求所起作用见表2-1。

表2-1　校院两级教学质量保障机构及职责分工表

级别	机构	目标	任务	职责分工	责任人	对专业毕业要求所起作用
学校	教学委员会	提升整体教学质量	决策和审议;全面指导教学工作	审议专业设置与专业建设规划、教学管理、教学改革中的重大政策与措施,审定专业评估办法,负责校级以上教学奖项和项目推荐等	校长、教学副校长	总体指导毕业要求达成
	教务处	确保教学质量不断提升	运行和管理;具体管理教学质量	负责教学运行、组织与管理,专业建设、课程建设、教材建设、实践教学基地建设、教学信息化建设、教学改革、质量监控、教学评估与教学奖励等	教学副校长、教务处长	保障毕业要求的达成

续表

级别	机构	目标	任务	职责分工	责任人	对专业毕业要求所起作用
	评估中心、教务处办公室	监督与指导教学质量的提升	监控和指导;具体指导教学工作	负责学校教学质量保证体系建设、运行和管理,组织教学专项检查和专项评估,完善教师教学评价办法并实施,推进学院教学督导、学生信息员等队伍建设,教学质量年度分析报告编制等	评估中心主任、教务处办公室主任	具体指导毕业要求达成
	教学督导组	保证各教学环节按照有关教学管理规章制度的执行	监控和指导;多渠道快速反馈教学工作信息	监督、检查、评估、指导学校教学工作	督导办公室主任	促进毕业要求的达成
学院	党政联席会	提升人才培养质量	决策和审定学院教学工作	学院教学工作重大问题的决策及审定	党总支书记、院长	审定培养目标和毕业要求
	教学委员会	提升教学质量和人才培养质量	对学院教学工作进行研究、指导、审议和评估	审定人才培养方案、教学计划、教学大纲、指导建立教学质量标准和监控体系	院长、教学副院长	合理确定毕业要求,确保有效达成
	教学督导组	提升课程教学质量	监控教学全过程	对学院教学进行监控、评价和反馈,指导专业课程教学实践	教学副院长、督导组长	课程教学目标达成的支持作用
	教学办	确保教学质量	运行和管理;具体管理教学质量	教学常规运行管理、学籍与学位管理、考试与成绩管理的具体执行,协助教材征订、教研项目和教学档案管理等	教学副院长、教学办主任、教学秘书	保障毕业要求的达成
	系(教研室)	保障各种教学工作的有序进行,并持续改进	实施和建设具体的教学活动	落实教学任务,开展教学研究与改革,青年教师指导;开展专业建设、课程建设、教材建设等	系(教研室)主任	落实毕业要求的达成

续表

级别	机构	目标	任务	职责分工	责任人	对专业毕业要求所起作用
	学工办	监控并反馈教学质量	反馈教学质量	反馈教学过程对课程目标的实现情况	副书记	从学生角度确保毕业要求达成

第三节　各主要教学环节的质量要求与评价

为了进一步完善教学质量保障体系,强化教学过程管理,确保教学质量持续提高,学校制定了《重庆文理学院主要教学环节质量标准》,详细规定了课前环节、课堂教学环节、课程考核环节、实践教学环节等主要教学环节的质量标准及评价办法,用以规范教学管理、保证教学质量。其中,课前环节质量标准涵盖人才培养方案、教学大纲(课程标准)、教材选用与评价、教学周历(教学进度计划)、教案(讲稿)五大方面;课程教学环节质量标准包括课堂教学、作业、辅导答疑三方面;课程考核环节质量标准涉及考试命题环节、制卷环节、考试组织环节、阅卷环节、成绩评定环节、试卷分析环节、试卷归档环节等;实践教学环节质量标准涵盖实验实训教学、试讲、实习、课程设计(论文)、毕业论文(设计)等方面。

学院、专业教研室对专业教学过程开展常态化监控,明确每个教学环节质量监控和评价责任人,确保人才培养质量。校、院两级教学督导通过走课、听课、巡视、学生座谈等方式,对教师的课堂教学质量进行检查。学校、学院两级领导、教务处、教学系(教研室)等通过日常教学管理、专项教学检查等方式对教学全程进行闭环式监控。学生通过问卷调查、网上评教、导师和辅导员等渠道,对课堂教学质量进行评价。各个主要教学环节的质量要求、质量监控和质量评价及其主要责任人见表 2-2。

表2-2　主要教学环节质量要求及评价

教学环节	关联毕业要求的对应点	质量要求的要点	质量监控的方法和责任人	质量评价的周期、依据、结果反馈方式	形成的记录文档
培养方案修订		培养目标符合学校办学定位和社会需求；培养目标针对性强，表述清晰；能力要求与培养目标匹配；课程设置符合标准，体现专业特色；提高学生综合素质，培养实践能力	方法：根据利益相关方的意见和建议，对培养方案进行修订；责任人：院教学委员会、专业负责人、教学院长、教务处、主管教学副校长	周期：每四年修订一次，每两年可申请进行微调；依据：是否符合当前的教学规律、质量标准和社会人才需求；反馈方式：培养方案论证过程及结果分析	外国语学院英语专业2020版人才培养方案修订调研报告
教学大纲编制	1.师德规范 2.教育情怀 3.学科素养 4.教学能力 5.班级指导 6.综合育人 7.学会反思 8.沟通合作	各项课程基本信息完整，符合学校规范要求；课程目标、教学内容、教学方法、考核方法等支撑相关毕业要求的达成；课程达成度评价办法合理可行	方法：落实课程大纲审核意见；负责人：课程负责人、系（教研室）主任、教学副院长、院教学委员会	周期：四年；依据：专业质量标准和培养方案；反馈方式：大纲制定与修订的论证记录	2020版专业核心课程教学大纲
教学计划制订		课程安排、教学进度安排合理，教学目的和要求明确，审核上报及时	方法：集体讨论、定期修订；责任人：教学副院长、系（教研室）主任	周期：每学期；依据：培养方案、教学大纲；反馈方式：审核意见	最近一年教学计划汇总；最近一年教学周历汇总
教材选用		与课程目标相符；国家级规划教材优先；近3年教材优先	方法：主讲教师选择，学院审核；负责人：主讲教师、系（教研室）主任、教学副院长	周期：每学期；依据：学校教材选定相关文件、教学大纲；反馈方式：教材使用审批表	最近一年教材选用一览表

续表

教学环节	关联毕业要求的对应点	质量要求的要点	质量监控的方法和责任人	质量评价的周期、依据、结果反馈方式	形成的记录文档
课堂教学		严格按课程教学大纲和教学周历进行教学；备课充分，教学资料齐全；教学模式合理，教学方法适当；合理布置作业并有效批改	方法：常规教学检查、督导听课、学生评教、同行评价、教师自评、学生信息员反馈；责任人：学院教学督导组	周期：每学期；依据：教学大纲、教学计划及教学质量标准；反馈方式：学生评教、督导、领导听课、同行听课	近三年本专业教师四方评价结果
课程考核	1.师德规范 2.教育情怀 3.学科素养 4.教学能力 5.班级指导 6.综合育人 7.学会反思 8.沟通合作	考核方式和内容符合培养目标和课程教学大纲要求，能够反映课程目标的达成；考核材料存档规范；学习效果分析和持续改进	方法：试卷分析、课堂表现测评、实践表现评价、平时作业考核评价；责任人：主讲教师，系（教研室）主任，教学副院长	周期：每学期；依据：培养目标、教学大纲、评价要求；反馈方式：试题分析、成绩册	核心课程目标达成情况评价报告
实践教学		实践教学规范且符合专业标准；微格训练环节完整、内容丰富；教学见习、研习规范；教学实习环节完整	方法：检查实验、实践教学过程，检查学生实验、实践报告；责任人：专业负责人、任课教师，见习、实习、研习指导教师	周期：每学期；依据：实践教学质量标准；反馈方式：见习、研习、实习手册或报告、成绩记录册	最近一年实践报告；见习研习实习资料；课程目标达成情况评价报告

续表

教学环节	关联毕业要求的对应点	质量要求的要点	质量监控的方法和责任人	质量评价的周期、依据、结果反馈方式	形成的记录文档
毕业论文（设计）	1. 师德规范 2. 教育情怀 3. 学科素养 4. 教学能力 5. 班级指导 6. 综合育人 7. 学会反思 8. 沟通合作	毕业论文（设计）命题符合专业培养目标要求；毕业论文（设计）各环节严格按照任务书规定的时间节点进行；学生开题报告、中期检查、论文答辩等符合规范要求；论文质量、查重率达到要求	方法：论文题目审核、中期检查、论文检测查重、教师评审和互评；责任人：教学秘书、系（教研室）主任、毕业论文（设计）指导教师、教学副院长	周期：每学年；依据：学校和学院的相关文件、制度要求；反馈方式：毕业论文（设计）指导教师意见、评阅教师意见、答辩小组意见	毕业论文（设计）相关存档资料

第四节　质量保障体系构建与运行中存在的问题及改进措施

一、存在的问题

（一）体制参与性与协同配合问题

在中学教育专业的持续改进和完善过程中，本专业已逐步构建起校院两级的质量保障与评价体系。这一体系的构建涉及多个部门、各种资源以及多种教学活动。起初，为适应国家教育改革的需求以及学科的发展变化，中学教育专业在课程设置、师资队伍和教育资源方面进行了积极的探索和实践。

1. 全员参与性的问题

尽管体系相对完备,但在运行过程中,出现了全员参与性不足的问题。所谓全员参与性,是指各个职能部门、教职工和学生都参与到教学质量保障中来。而在实际运行中,某些部门或个体对教学质量保障体系的重要性认识不足,导致他们在实际操作中表现出的热情和投入度不高。

2. 部门之间的协同配合问题

与此同时,各相关部门之间的分工协作意识也略显薄弱。虽然各部门都有明确的职责和任务,但在实际的执行过程中,却常常出现信息沟通不畅、责任界定不清等问题。这导致各部门之间的配合度不高、合力效应不明显,进而影响了专业教学质量的提升。

(二)监控与评价体系的问题

1. 监控体系的通用性问题

在构建教学质量保障体系时,一方面要确保其具备通用性,能够适应大多数情况;另一方面,也要充分考虑专业的特性和需求。目前,本专业在监控要求、方法和评价标准等方面采取了过于"通用"的策略,未能充分体现专业自身的独特性。

2. 教学环节的细化程度问题

对于主要教学环节的质量监控,其内容细化程度尚显不足。例如,对于教学设计、课堂教学、学生评价、实践教学等核心环节,其监控内容应更具体、细致,以便对教学过程进行精确掌控。

3. 跟踪机制的缺失问题

对于那些未达到质量要求的个别教学环节,目前还缺乏一个持续的跟踪机制。这意味着一旦某个环节的教学质量出现问题,可能不会得到及时的纠正,导致问题的持续发酵。

在保障体系的建构和运行方面仍然面临一系列的挑战。为了更好地提高教学质量,必须进一步加强部门之间的协同配合,确保全员参与,同时也要不断完善监控与评价体系,确保其既具有通用性,又能够充分反映专业的特色(刘雪梅,2021)。

二、改进措施

(一)完善教学质量保障体系的结构与功能

1. 明确各部门职责与合作关系

为确保教学质量,学校和学院需明确各部门的职责划分。例如,教务处主要负责课程审查、学生评价等,而二级学院则更多地关注教学方法的研究与实践。明确各部门的具体职责和工作范围,有助于提高工作效率。

2. 增强部门间配合的默契度

强化教务处与二级学院之间的沟通与配合,确保教学活动的顺利进行。例如,定期组织协调会议、建立信息共享机制等。

3. 质量文化建设与全员意识的培养

加强质量文化的宣传与建设,通过教学研讨、质量培训等活动,强化教职工和学生的质量意识。质量不仅是一种要求,更是一种文化、一种习惯,需要全员参与和维护。

4. 构建长效机制

针对质量保障与监控,构建长效机制,确保教学质量持续稳定并朝着更高目标发展。

（二）教学质量保障体系的多元评估

1. 结合专业特点进行体系梳理

特别是对于有明确特色的专业，如英语专业，其教学模式、目标及需求与其他专业可能有所不同，需要在质量保障体系中进行针对性调整。

2. 多角度、多方法评价

通过邀请外部专家审查、第三方机构评价以及学院自身的运行效果自评，全方位地检视质量保障体系的运行状态。这种多角度、多方法的评价更有助于发现体系中的隐性问题。

3. 明确完善方向与任务

基于评价结果，对质量保障体系进行适时的调整和完善，并明确每次调整的目标、任务和预期效果，确保每一次的调整都是向更高质量的目标迈进。

（三）课程目标达成评价的常态化

1. 实时监控课程目标达成情况

不仅在课程结束后进行评价，而且在教学过程中，随时对课程目标达成情况进行跟踪和评估。

2. 教学反思与改革

基于课程目标达成评价的结果，教师应对教学方法、内容等进行反思，从而引导教学改革。

3. 学业问题的解决机制

为学生提供相应的学业指导和辅导，确保他们在学业上能够顺利完成课程计划，解决学业上遇到的实际问题。

为持续提高教学质量，必须对质量保障体系进行深入思考和持续完善。这既需要构建更加科学合理的体系结构,也需要引入多元的评估机制和常态化的运行模式(张勤,张小飞,2016)。只有这样,才能真正保障教学质量,满足学生和社会的期待。

第三章

师范类专业认证质量保障体系
内部监控的机制与实施

第一节　学校与院系两级教学质量监控与评价机制

一、学校教育教学质量三级监控体系

根据《重庆文理学院本科教育教学质量保障体系》,学校实行教育教学质量三级监控体系,建设面向产出的教学质量评价大数据分析平台,建成课堂教学目标、课程目标、毕业要求和培养目标的达成度评价体系;深度挖掘常态监测数据,实行线上线下监控"一体化"。校级教育教学质量监控体系内容涉及自我评估、第二方满意度评价、第三方认证与评估等三大方面(图 3-1)。

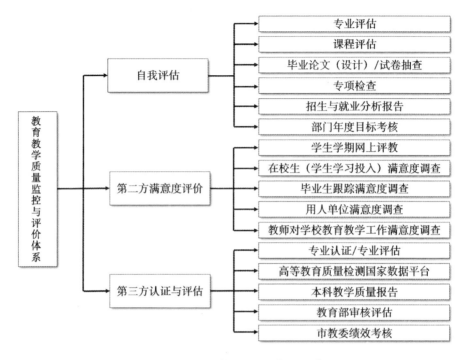

图 3-1 教育教学质量监控与评价体系

具体内容分解如下。

（1）自我评估。主要涉及专业评估、课程评估（通识教育课程、专业基础课程、专业技术课程、实验实训课程等）、毕业论文（设计）/试卷抽查、各类专项检查、招生与就业分析报告、部门年度目标考核等内容。承担部门为教学质量监测与评估中心、教务处、招生就业处、党政办公室。开学准备工作检查牵头部门为党政办公室，开学教学检查牵头部门为教务处，半期教学工作检查牵头部门为教学督导委员会办公室。

（2）第二方满意度评价。主要涉及学生学期网上评教、在校生（学生学习投入）满意度调查、毕业生跟踪满意度调查、用人单位满意度调查、教师对学校教育教学工作的满意度调查等内容。承担部门为教务处、招生就业处、教学质量监测与评估中心，教师对学校教育教学工作的满意度调查由教务处牵头完成。

（3）第三方认证与评估。主要涉及专业认证/专业评估、高等教育质量监测国家数据平台、本科教学质量报告、教育部审核评估、市教委绩效考核等内容。牵头部门为教务处、党政办公室、教学质量监测与评估中心。

质量信息收集与分析部门组织相关职能部门和学院分别建立具体的监控与评估评价制度，并及时将通过上述三条路径获得的信息进行梳理分析，形成质量报告、督导简报等，一方面提供给学校决策层，另一方面反馈给相关职能部门和学院，逐步完善持续改进的质量监控机制。

根据学校教育教学质量保证体系，学院建立院级监控机制，及时对各方面反馈的质量信息进行问题研究，制定改进对策，建立持续改进机制。学院教学质量监控点主要包括发展规划与人才培养方案制（修）订、教育教学资源建设与管理、关键环节和质量监控方式等四方面（图3-2）。

具体内容分解如下。

（1）发展规划与人才培养方案制（修）订。涉及学院事业发展规划、学科专业发展规划、人才培养方案制（修）订等内容。

（2）教育教学资源建设与管理。教育教学资源分为软件和硬件两大类，涉及学科专业建设、教师队伍建设、实验实训条件建设、实习基地建设等内容。

（3）教育教学的关键环节。主要是指与人才培养质量密切相关的关键过程或环节。涉及考试、实习活动组织、毕业论文（设计）组织、毕业生就业工作、重大教改与竞赛活动、重大学术活动等内容。

（4）质量监控方式。主要涉及教师课堂教学质量抽查（经常）、实习质量抽查（每年）、毕业论文抽查（每年）、在校生（学生学习投入）满意度调查（每年）、学生满意度调查（每学期）、毕业生跟踪调查与用人单位满意度调查（每年）等内容。

在学校三级监控体系中，教研室（系）是最基层的组织，承担着质量监控的重任，根据学校、学院反馈的质量信息和教研室自身收集的质量信息，持续进行改进。教研室（系）教育教学质量监控点主要包括人才培养方案与标准制（修）订、课程实施准备、学习资源建设、课程实施（教学过程主要环节）、教研与学术活动五大方面（图3-3）。

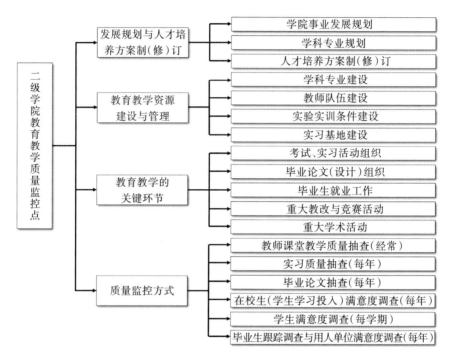

图 3-2　学院教育教学质量监控点

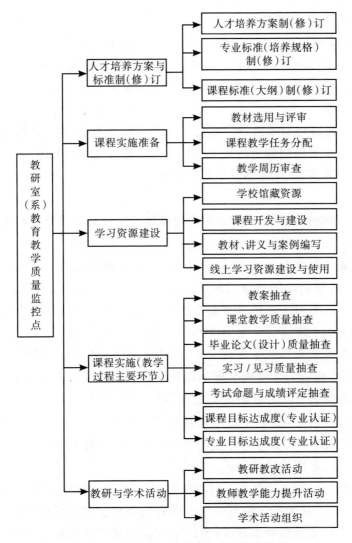

图3-3 教研室(系)教育教学质量监控点

具体内容分解如下。

（1）人才培养方案与标准制(修)订。主要涉及人才培养方案制(修)订、专业标准(培养规格)制(修)订、课程标准(大纲)制(修)订等内容。

（2）课程实施准备。根据学校教育教学的基本流程,该指标包括教材选用与评审、课程教学任务分配、教学周历审查等内容。

（3）学习资源建设。包括学校馆藏资源、课程开发与建设,教材、讲义与案例编写,线上学习资源建设与使用等内容,教研室(系)是学习资源建设的主要承担者。

（4）课程实施（教学过程主要环节）。主要涉及教案抽查、课堂教学质量抽查、毕业论文（设计）质量抽查、实习／见习质量抽查、考试命题与成绩评定抽查、课程目标达成度（专业认证）、专业目标达成度（专业认证）等内容。

（5）教研与学术活动。教研与学术活动是教研室（系）提升教师教育教学水平和科研能力的重要手段。具体体现为教研教改活动、教师教学能力提升活动、学术活动组织等内容。

二、学校和学院教学管理和质量保障相关规章制度及更新情况

在规章制度方面,学校制定或修订了关于质量监控与评价、听课、教学检查、教学督导等教学管理和质量保障等若干规章制度,出台了《重庆文理学院本科人才培养方案管理办法(修订)》《重庆文理学院课程大纲管理办法(修订)》《重庆文理学院课堂教学质量评价管理办法(修订)》《重庆文理学院主要教学环节质量标准》《重庆文理学院教师课堂教学规范(修订)》《重庆文理学院学生教学信息员管理办法》《重庆文理学院教师教育类专业毕业实习管理办法》《重庆文理学院考试管理办法》《重庆文理学院学生成绩管理办法》等制度文件,既有效地保障了教学常态化监控,也为本专业教学质量提供了制度保障,形成了科学合理的教学质量评价运行模式。

根据学校相关制度和文件,学院制定了《外国语学院教学大纲修订实施细则》《外国语学院英语专业课程内容建设实施细则》《外国语学院教学工作定期检查办法》《外国语学院课堂教学质量评价实施方案》《外国语学院教师课堂教学工作规范》等文件。依据学校教学质量监控与评价机制,学院成立了由学院院长、教学副院长、教学办公室、实验实训中心、各系(教研室)、学生工作办公室的主要负责人组成的院级教学督导小组,其主要职责是监督和保障教学质量监控与评价机制的正常运转。学院制定了教学检查、听课、教学督导等一系列的实施细则。学院的教学质量监控与评价包括:教学检查制度(期初、期中、期末、日常抽查)、听课制度、教学督导制度(常态督导和专项督导)、评教评学制度(每学期开展一次)、教师课堂教学质量综合评价(每学期开展一次)。

近三年来,学校结合本科教学工作合格评估和师范类专业认证工作,不断完善学校教学管理和质量保障相关制度,出台了《重庆文理学院师范类专业认证实施方案》《重庆文理学院关于制定 2020 版本科专业人才培养方案的指导意见》《重庆文理学院本科教育教学质量保证体系》等文件,制定了《重庆文理学院教材建设管理办法》《重庆文理学院教学督导管理办法》《重庆文理学院听课制度》《重庆文理学院本科毕业论文(设计)管理办法》等教学管理和质量保障制度。

学院更新并完善了《外国语学院英语专业教学大纲制订、修订与审核实施方案(试行)》《外国语学院教学督导工作细则》《外国语学院教研室活动实施细则》《外国语学院教材建设管理办法》《外国语学院英语专业学生试讲工作实施方案》《外国语学院本科毕业论文(设计)工作实施方案》等系列制度措施,夯实了本专业教学质量保障的制度基础。

第二节　学校与院系两级的专业教学质量评价实践

学校采取内部评估和外部评价相结合的方式,充分保障教学质量。2007 年,学校接受了教育部本科教学水平评估;2017 年,学校接受了本科教学审核评估。学校定期组织校内外专家开展专业评估,从本科教育基本情况、师资与教学条件、教学建设与改革、专业能力培养、质量保障体系、学生学习效果、特色发展、存在问题及改进措施等方面进行自我评估,以自然年为周期,发布《重庆文理学院年度本科教学质量报告》。

同时,校院两级对教学质量实施常态化监控与评价,保障毕业要求达成。校院两级设有教学督导组,教学督导涉及课堂教学、常规教学检查、试卷、本科毕业论文(设计)等各环节,采取了四方评教制度(学生网上评教、教学督导评教、同行评教、教师自我评教)以及评选"金果源学生最喜爱的教师"等方式,对教学过程进行监控,对教学质量进行评价,并将反馈信息用于教学工作的持续改进。对教学过程的质量监控原始记录文档清单见表 3-1。

表 3-1　教学过程质量监控记录清单

编号	材料
1	学校开展新学期教学工作检查的新闻汇总表
2	"金果源最受学生喜爱的教师"材料汇总表
3	外国语学院近三年教师课堂教学质量自我评价结果汇总表
4	外国语学院近三年教师课堂教学质量同行评价结果汇总表
5	外国语学院近三年学生网上评教结果汇总表

　　学院依据《重庆文理学院课程体系合理性评价及课程目标达成度评价实施办法(修订版、试行)》和《重庆文理学院毕业要求达成度评价实施办法(修订版、试行)》等文件的要求,制定了《外国语学院英语专业课程体系合理性评价方案(试行)》《外国语学院英语专业课程目标达成情况评价方案(试行)》和《外国语学院英语专业毕业要求达成情况评价方案(试行)》等文件,在课程体系合理性、课程目标达成、毕业要求达成等方面定期开展专业教学质量评价。课程体系合理性评价每四年进行一次,教学副院长为评价责任人,采用问卷调查、访谈等方式进行。调查和访谈对象分为内部(校内外同行专家、专业教师、教学管理人员、在校生)和外部(毕业生、用人单位、行业专家等利益相关方)两个部分。课程目标达成情况评价在课程结束时进行,每学期一次,采用直接和间接相结合的评价方式(课程标准化考试、过程性考核、调查问卷等),评价对象覆盖全体上课学生,评价责任人为任课教师,课程考核结束后形成课程目标达成情况评价报告。毕业要求达成评价每年对应届毕业生评价一次,由课程目标达成情况评价工作组汇总各类调查报告和课程评价报告,形成毕业要求达成度评价报告。

一、课程体系合理性评价

　　课程体系合理性评价周期原则上为四年(随培养方案的修订进行),评价对象为正在执行的培养方案中的课程体系。评价内容主要包括:课程体系的结构是否合理;是否体现了通识教育、学科专业教育与教师教育的有机结合;总学分、各模块学分及其占比是否符合国家质量标准以及学校对人才培养方案的要求;理论课程与实践课程、必修课与选修课设置是否恰当;通识课程是否符合国家规定要求;课程设置是否符合《中学教师专业标准》要求,是否体现了"师德为先、学生为本、能力为重、终身学习"的理念要求,是否符合《教师教育课程标准》关于课程、学时学分等要求,是否体现了基础教育改革与发展要求,能否支撑毕业要求,对毕业要求的支撑关系是否合理,能否体现本专业的特色和优势,能否满足中学英语教师教学需要等。

最近一次课程体系合理性评价是于 2019 年 10 月—2020 年 4 月随人才培养方案(2020 版)修订而进行的评价。在对利益相关方进行了多元化的调研活动的基础上,学院组织召开在校生学生代表座谈会、毕业生线上线下访谈、校友代表座谈会等,全方位收集对本专业课程体系设置的建议,再组织相关人员讨论、修订课程体系。结果为课程体系合理,符合国家标准要求,能够支撑毕业要求的达成,最终形成了 2020 版人才培养方案。

二、课程目标达成评价

课程目标达成情况的评价对象是英语专业各类理论及实践课程。评价周期为每学期一次,每门课程结束后对该门课程进行评价,形成课程目标达成情况评价报告。课程目标达成情况评价采用直接和间接相结合的评价方式。直接评价采用的数据源自评价对象课程考核的成绩,依据课程性质,如认知课程、技能课程、综合实践课程等,分类采集过程性表现评价(如平时作业、课堂表现、小组报告、读书笔记、期中测试等)和终结性表现评价(如期末笔试、作品实践、口试、报告等);间接评价采用的数据则来源于师生的问卷调查,或进行学生自评、学生互评,或进行教师评价等方式来获得相关评价数据。各门课程的考核内容、考核方式及其权重、考核评价细则等由课程组通过教研活动经多轮研讨决定,由学院审核通过后执行,确保对课程目标和相对应的毕业要求指标点支撑的有效性和合理性。

最近一次课程目标达成情况评价是针对 2021—2022 学年第二学期本专业开设全部课程的课程目标评价。英语专业人才培养质量评价小组负责组织实施评价,任课教师负责完成课程计划达成情况评价报告。评价结果显示,学院课程总体课程目标达成情况比较理想。报告也针对存在的问题提出了解决措施,为毕业要求的达成提供保障。近三年专业核心课程目标达成情况评价报告,及其评价依据合理性审核记录文档清单示例见本章第六节。代表性课程的课程目标达成情况统计见表3-2。

表3-2 代表性课程的课程目标达成情况统计表

课程类别	课程名称	样本数	课程分目标达成情况					课程整体目标达成情况	达成标准	是否达成
			目标1	目标2	目标3	目标4	目标5			
学科基础课程	英语阅读（一）	97	0.89	0.75	0.75	0.82	0.85	0.75	0.7	是
	英语写作（三）	91	0.95	0.86	0.92	0.88		0.86	0.7	是
	综合英语（一）	97	0.75	0.78	0.84	0.86	0.78	0.75	0.7	是
	英语语法	99	0.91	0.74	0.73	0.81		0.73	0.7	是
教师教育课程	英语教学论1	84	0.90	0.88	0.87	0.88		0.87	0.7	是
	现代教育学	90	0.80	0.82	0.83			0.80	0.7	是
实践课程	认知见习	91	0.84	0.90	0.90			0.84	0.7	是
	毕业实习	83	0.95	0.96	0.96	0.93		0.93	0.7	是

三、毕业要求达成评价

毕业要求达成情况评价对象为本专业毕业审核合格的全体应届毕业生，评价周期一般为四年，每年对应届毕业生评价一次，由课程目标达成情况评价工作组汇总各类调查报告和课程评价报告，形成毕业要求达成情况评价报告。评价主要采用基于课程目标达成情况的直接评价法和基于学生自我评价和教师评价的间接评价法。直接评价采用"考核成绩分析法"，评价内容为评价对象（应届毕业生）的学习成果，即支撑毕业要求指标点的所有课程目标达成情况，针对课程对毕业指标点的实际支撑程度，划分为高（H）、中（M）、低（L）三个层次，计算毕业要求分解指标点的达成情况，进而确定毕业要求的总体达成情况。每个毕业要求分解指标点的支撑课程及其权重设置由课程组集体研讨决定，学院教学委员会审核，具体支撑关系体现在人才培养方案中的课程与毕业要求对应关系矩阵。直接评价占总达成情况评价的权重为 0.7。间接评价主要采取问卷调查和访谈的形式,在学生离校前,进行学生自我评价和教师评价。间接评价占总达成情况评价的权重为 0.3。各项毕业要求指标点达成情况 = 直接评价达成情况 ×70%+ 间接评价达成情况 ×30%,每项毕业要求的达成情况取各指标点中达成度的最低值。

最近一次毕业要求达成评价是对 2022 届毕业生的评价,抽样调查结果显示八个毕业要求的直接评价达成值介于 0.83 ~ 0.86,平均值为 0.85;间接评价达成值介于 0.91 ~ 0.95 之间,平均值为 0.93。经过计算,综合达成值为 0.85×0.7+0.93×0.3=0.87,高于毕业要求达成情况评价小组设定的达成期望值 0.70,评价结果为毕业要求达成。同时形成了《外国语学院英语专业毕业要求达成情况评价报告(2022 届)》,用于本科人才培养质量的持续改进(表 3-3)。

表 3-3　最近一次毕业要求达成评价结果表

评价方式	评价内容	达成值	平均值	综合达成值
直接评价	师德规范	0.83	0.85	0.87
	教育情怀	0.85		
	学科素养	0.85		
	教学能力	0.85		
	班级指导	0.83		
	综合育人	0.86		
	学会反思	0.85		
	沟通合作	0.85		
间接评价	2022 届师范毕业生毕业要求达成情况评价问卷与访谈	0.95	0.93	
	教师对 2022 届师范毕业生毕业要求达成情况评价问卷与访谈	0.91		

外语学院对课堂教学、课程考核、教育实习、毕业论文等进行检查,最近一次开展的专业教学质量评价的内容、方法、主要问题与改进措施见表 3-4。

表 3-4　最近一次教学质量评价情况

评价内容	评价方法	评价结果	主要问题	改进措施
课堂教学	听课、师生座谈	良好	教学方法不够丰富、线上线下混合程度不高	采用多种教学方法,多利用优秀线上教学资源
课程考核	抽查试卷材料	良好	部分试卷无教研室主任签字、考试结果分析缺乏改进措施	完善试卷审阅手续,改进试卷分析
教育实习	抽查学生实习材料	良好	部分实习材料缺少指导教师签字	规范实习材料整理
毕业论文	抽查学生论文材料	良好	部分论文存在标点符号错误、缺少指导教师签名	规范论文撰写,完善论文档案材料整理

第三节　毕业要求达成情况的评价机制与方法

　　为有效评价学生毕业时各方面知识的掌握程度以及能力和素质所达到的程度,以便有针对性地进行教育教学改革和课程体系优化,提升人才培养质量,根据《重庆文理学院毕业要求达成度评价实施办法(修订版、试行)》,学院制定了《外国语学院英语专业毕业要求达成情况评价方案(试行)》,关于评价责任机构、评价责任人、评价对象、评价周期、评价依据等具体内容见表 3-5。

表 3-5　英语专业毕业要求达成情况评价机制与评价方法

评价责任机构	英语专业毕业要求达成评价工作由毕业要求达成情况评价工作小组负责,其成员包括院长、党总支书记、教学副院长、党总支副书记、专业负责人、系(教研室)主任、教学指导委员会委员、教学督导、骨干教师代表、辅导员、校外专家、用人单位代表等
评价责任人	学院院长
评价对象	本专业毕业审核合格的全体应届毕业生

续表

评价周期	评价周期为四年,每年对应届毕业生评价一次
评价依据	支撑毕业要求的课程的目标达成评价结果,以及对毕业要求指标点的间接评价结果
评价方法	采用直接评价和间接评价相结合的方式。直接评价主要依据每门课程的课程目标达成情况评价报告,并根据课程对毕业要求的不同支撑度设置权重。若支撑特定毕业要求的课程有高(H)、中(M)、低(L)三类,建议权重为6:3:1,若只选择高支撑课程(H)和中支撑课程(M)支撑特定毕业要求,建议权重为6:4。例如:支撑师德规范的课程有高支撑课程5门、中支撑课程3门、低支撑课程2门,则师德规范直接评价达成值=5门高支撑课程的课程目标综合评价达成值之平均值×0.6+3门中支撑课程的课程目标综合评价达成值之平均值×0.3+2门低支撑课程的课程目标综合评价达成值之平均值×0.1。间接评价主要采取问卷调查和访谈的形式。学生自我评价和教师评价在学生离校前完成;用人单位评价和地方教育行政部门评价时间选在毕业生入职3个月到6个月期间完成。毕业要求达成情况评价以直接评价为主,间接评价为辅,建议权重为7:3
评价过程	毕业要求达成情况评价是对八个毕业要求逐一开展达成度评价,每个毕业要求的达成度等于所涵盖的毕业要求指标点的最低达成度,毕业要求指标点的达成度由支撑其的各个教学环节的达成度按一定权重计算获得,各教学环节的达成度是开展毕业要求达成度的基础。具体过程包括:梳理支撑各个毕业要求指标点的教学环节及其权重、课程目标达成情况评价、计算课程考核成绩与调查问卷的达成情况、基于直接评价(课程考核成绩)的毕业要求达成情况分析、基于间接评价(调查问卷)的毕业要求达成情况分析、毕业要求达成情况综合评价、撰写毕业要求达成情况评价报告、审核毕业要求达成情况评价结果等环节
评价使用	学院将本专业毕业要求达成情况评价结果反馈给相关教师,并组织进行深入分析和研讨,反思存在的不足。同时,将评价结果作为下一轮专业培养目标、毕业要求、课程体系、课程大纲、课程教学、实践环节、保障机制等改进的重要依据,使"评价—反馈—改进"闭环高质量运行

各个环节的评价结果及时向全体教师和相关部门反馈,为修订课程设置和课程教学大纲,精准课程与毕业要求指标点的对应支撑关系,提升评价工作科学性、实效性,进一步促进专业内涵建设,打造优质课程提供依据。

第四节　质量保障体系内部监控全过程
的监控与评价策略

　　学校教学质量监控与评价的实施以"全员参与、全程覆盖、全面保障"为基础,坚持"常态化"运行的特色,采取"多维监测、多元评估、激励约束、持续改进"四种机制于一体,充分发挥二级学院、教师和学生在教学质量提高和保障中的主体地位。学校和学院重视专业教学全过程的监控与评价,发现、研究和解决教学过程中影响教学质量的主要问题,不断提高教学质量,保证毕业要求的达成。

一、教学检查

　　教学检查包括期初、期中和期末教学检查和专项检查,针对不同阶段的教学特点,有侧重地开展教学检查工作。

　　期初教学秩序检查。教学质量监测与评估中心于每学期开学前发布期初教学秩序检查工作的通知,开学前二天至开学后一周内,由学校领导牵头,教务处、教学质量监测与评估中心、教学委员会与教学管理督导委员会委员组成教学秩序检查小组,校级督导、二级学院教学管理人员及院级督导共同参与,采用学院自查和学校检查相结合的方式,对教学运行工作进行全面检查,为保证整个学期教学秩序夯实基础。

　　期中教学质量检查。一般在第 10 ~ 11 周,由教学质量监测与评估中心组织,校级督导、二级学院教学管理人员及院级督导共同参与,采用学院自查和学校抽查的方式,对教学进行全面检查。依据《重庆文理学院主要教学环节质量标准》和《重庆文理学院课堂教学质量评价管理办法(修订)》等相关文件要求,重点检查项目包括:各学院上学期教学质量检查问题整改方案的落实情况,各专业培养方案、教学大纲的制定及执行情况,课堂教学及实验教学质量检查,教学进度检查,调补课、教案、作业布置和批改等常规教学运行情况,试卷检查,毕业论文检查,实习实训情况检查,教材情况检查,各学院本年度在专业、课程、教改、教材、题库等方面建设的进展情况等。

期末教学检查。每学期期末停课后一周内,教学质量监测与评估中心发布期末考试巡考工作安排。由教学质量监测与评估中心牵头,由教务处、教学委员会与教学管理督导委员会委员组成期末教学检查小组,校级督导、二级学院教学管理人员及院级督导共同参与,对教学考核环节的安排、组织和具体实施情况进行检查。重点关注监考教师履行职责的情况、学生遵守考场纪律的情况、各监督管理环节的运行情况。通过期末教学检查,促进良好学风和考风的建设。

专项检查。为改进教学工作,提高教学质量,每学期有重点、有目的地进行一项或几项专题教学检查。专题教学检查内容列入学期教学工作计划。

二、学生评教

学生评教工作是教学质量监控体系的重要组成部分,为贯彻落实师范类专业认证"持续改进"理念,改进教学中存在的问题,促进教师专业发展和提升学生学习效果,我校每学期定期开展学生评教工作。教学质量监测与评估中心一般在每学期的第14周发布学生评教工作的通知。各学院一般于第14 ~ 15周组织学生通过学校网络评教系统开展学生评教活动,学院根据评教结果及时反馈信息,督促教师改进教学方法,增强质量意识。

学校还制定了《重庆文理学院学生教学信息员管理办法》,聘任品学兼优的学生担任教学信息员,学校定期收集和研究学生教学信息员对教师理论教学、实践教学、考试及教辅等教学环节反馈的问题、意见和建议。一般在每学期的第9 ~ 10周,各二级学院组织召开院级学生教学信息员会议,校级督导组织召开校级学生教学信息员会议,获取学生对教学质量的评价信息,作为教学质量检查的评价结果之一。

三、毕业生满意度调查

为全面了解毕业生对学校教育教学工作的满意度、广泛收集学生意见与建议,为促进学校进一步改进教学工作,切实提高人才培养质量,学校于每学年末开展毕业生对学校教育教学工作的满意度调查。毕业生通过填写调查问卷,对专业、课程、教师、教学条件、教学管理等几项指标进行评价。

四、教学管理与评价的信息平台

学校定期升级维护"学校教务系统",教师可获取教学任务、上课课表、学生名册等信息,学期末在线填写考核成绩并导出成绩统计相关图表;学生登录系统进行选课、获知学习计划、评学评教及考试成绩等;利用实习和毕业设计(论文)系统全程监督学生实践教学活动和教师的指导过程,帮助学生达成班级指导、综合育人、沟通合作等毕业要求;通过学校"校领导留言板"、学院"学子心语"留言板、学生联络员接收学生反馈意见,了解教师在教育教学各方面的情况,了解学生对教学、教育、教师的意见和建议,及时改进教育教学方法和手段、充实教学内容等;利用超星、重庆高校在线开放平台等平台资源,提高学生的自主学习能力;每年开展全国本科教学基本状态数据采集工作,注重数据分析与应用,形成专业的认证数据报告,并帮助学院持续改进(表3-6)。

表3-6 教学过程监控信息技术方式汇总表

教学过程	利用的信息技术方式	要求
制订教学计划	学校教务系统	开学前完成教师教学安排
教学过程	QQ群、微信群	教学交流,信息交流
教学质量	网上评教	每学期学生对每门课程教师进行评教
教育实习	习柚APP	教育实习全过程
毕业论文(设计)	毕业论文(设计)管理系统	毕业论文(设计)撰写,查重
毕业生信息	学生管理系统	校友情况,培养目标达成情况
网络在线课程	超星、重庆高校在线开放平台等	课程线上辅助教学,便于学生自主学习

第五节 质量保障体系内部监控存在的问题及改进措施

一、存在的主要问题

(一)教学质量监控不平衡

1.监控焦点偏颇

在当前的教学质量监控体系中,显著的是对课堂教学环节的过度关注。课堂教学当然是核心,但不能忽略课外教学环节。例如,课外实践、独立研究和团队合作等环节往往对学生的综合能力培养起到关键作用。

2.忽视实践教学环节

现行的监控体系中,对于理论教学环节的重视程度明显超过实践教学。然而,对于多数专业,特别是应用性较强的专业,实践教学环节对学生的能力培养尤为重要。

3.学习活动的支持与指导不足

目前的监控更多集中于教师的教学过程,而对学生的学习活动支持与指导显得力度不够。学生的自主学习、团队合作等活动,对学生的能力培养同样至关重要。

(二)课程目标与毕业要求达成评价不准确

1.间接评价方法不够深入

当前的评价方式大多基于学生的主观反馈,而这种主观反馈很可

高校师范类专业认证质量
保障体系建设研究——以英语专业为例

能因为学生的认知、情感等因素而存在偏差,导致评价结果可能并不真实。

2.评价结果与学生实际情况的偏离

由于过于依赖学生的主观评价,评价结果可能无法真实、准确地反映学生的实际学习和发展情况。

(三)实习评价过程的问题

1.实习单位评价不严谨

部分实习单位在评价学生的实习表现时,未能严格按照学院的标准来操作,导致评价结果偏高。这可能会让学生产生误解,认为他们在实习中的表现已经非常出色,从而失去了进一步提高的动力。

2.考核方式缺乏科学性

单一的、笼统的考核方式很可能无法真实、全面地反映学生的实习表现,需要加强考核方式的科学性和多样性。

(四)教学过程质量监控机制待完善

1.信息反馈利用不足

虽然教学过程中有大量的质量评价信息反馈,但这些信息往往没有被充分利用,导致监控体系中的资源浪费,也未能为教学的改进提供有力支持。

2.对教学改进的作用待加强

监控体系不仅仅是对教学过程的"记录",更应该是为了更好地"引导"和"改进"教学。当前的体系还需加强这方面的作用。

内部监控在教学质量保障中扮演着重要角色,但当前存在的问题也显而易见。针对这些问题,学院需要进行深入反思,从结构、方法和机制等多方面进行完善,确保真正做到教学质量的持续提高。

42

二、改进措施及细化分析

（一）全方位的教学质量监控体系构建

1. 监控对象的拓展

为确保教学质量达到预期目标，我们不仅应对诸如课堂教学、实习实训等传统教学环节进行严格的质量监控，还需要延伸监控范围至教学建设方面。具体来说，在专业建设、课程设计、实验室设施及教研成果等方面要进行细致的质量审查。

2. 多元化的监控方式

在保证教学过程的质量的同时，教学活动效果的考核与评估也尤为关键。这意味着需要将教学过程的动态监测与对教学成果的定性与定量评估结合起来，从而确保教学活动的全周期质量。

（二）对学生课程目标达成的教育与提升

1. 深化学生认知

通过课程与实践，让学生更清晰地认识到课程目标与毕业要求，使他们更加主动地参与到学习过程中，提高他们的学习效果。

2. 优化评价机制

为提高评价的科学性和有效性，需要针对学生的具体情况，采用更加客观、公正、有深度的评价方式，使间接评价结果更为真实、准确。

（三）加强与实习单位的沟通与合作

1. 及时进行双向沟通

学院需要定期与实习单位进行沟通,明确实习目标、任务与评价标准,确保学生在实习过程中能得到充分的实践机会和专业指导。

2. 强调实习评价标准

在与实习单位沟通时,强调学院的实习评价标准与要求,确保实习单位按照学生的实际表现进行公正评定,避免评价过于主观或偏颇。

（四）优化信息反馈通道与使用

1. 畅通的信息反馈路径

建立清晰、高效的信息反馈通道,使得教师、学生和实习单位等各方都能及时、方便地提供反馈,从而更快地发现和解决问题。

2. 强化反馈整改与跟进

针对收到的反馈,要进行深入的分析与研究,找出问题的根源,并制定切实可行的整改措施。同时,要对整改效果进行跟踪,确保问题得到真正解决,推动教学质量的持续提高。

教学质量是教育工作的生命线,上述改进措施旨在从多个方面确保教学过程和成果的质量,为学生提供更好的教育体验与学习成果。

第六节　实践案例与经验分享

在内部监控的机制与评价环节,作为接受评估的英语（师范）专业,在教学环节的质量监控和评价方面,主要做了如下工作。

一、制定了新的人才培养方案

根据 2019 年学校下发的《重庆文理学院关于制定 2020 版本科专业人才培养方案的指导意见》文件要求,本专业制定了《外国语学院 2020 版本科专业人才培养方案制定实施方案》(见本节材料 1),并于 2019 年 10 月—12 月开展了人才需求调研,广泛征集了毕业生、用人单位、行业企业、国内标杆院校、在校生的意见。调研内容主要有,用人单位及企业的用人需求及对本专业人才培养质量的满意度,毕业生对本专业人才培养的满意度与建议,国内标杆高校相同专业的人才培养模式,在校生对本专业人才培养的感受与建议等,在此基础上形成了《外国语学院英语专业 2020 版人才培养方案制定调研报告》(见本节材料 2)。

首先进行培养方案的修订,确定培养目标能够符合学校办学定位和社会需求,课程设计符合标准,能够体现专业特色。由此,我院对如何修订人才培养方案进行调研,并形成了调研报告。再根据培养方案修订调研报告对人才培养方案进行修订,最终形成《英语专业本科人才培养方案(2020 版)》(见本节材料 3)。该方案对专业培养目标的定位是:本专业立足重庆,面向西南,培养政治素质过硬,热爱基础教育事业,具有人文底蕴和科学精神,具备扎实的英语学科专业基础,较强的以素养为导向的课程教学能力,良好的班级组织管理与班级建设能力,具有中国情怀和国际视野,善于合作沟通与创新,能够在中学和其他教育机构从事英语教学及相关教育工作的中学英语骨干教师。

本专业培养目标符合学校人才培养目标定位。其中,"培养政治素质过硬、热爱基础教育事业"突出强调学生的师德修养和扎根基层的教育情怀,这与学校坚持立德树人,培养具有社会责任感的人才目标高度契合;"具备扎实的英语学科专业基础,较强的以素养为导向的课程教学能力"强调夯实学生专业基础知识和理论水平的同时,注重培养学生的实践能力;"具有人文底蕴和科学精神"明确将科学精神和人文素养的培养贯穿于人才培养的全过程。此外,"善于合作沟通与创新"体现了提升学生的合作沟通能力和培养创新意识。

调研显示,毕业生普遍认为本专业课程设置合理,教师敬业,关爱学生发展,但是对专业的实践环节提出了一些建议;用人单位一致认为我校培养的学生工作努力,责任心强,师德规范,有创新性,但是指出了毕业生在中学生心理发展的认知方面、在课堂管理技巧方面还存在不足;通过走访教育培训机构,了解到企业希望毕业生具备较强的抗压能力、沟通与合作能力;专业教师在调研过程中也学习了其他高校在师范生协同培养方面的经验;在校师范生从技能训练、毕业论文、晨读晚练等环节提出了建议。这些宝贵的意见有助于形成更为合理的人才培养目标,人才培养调研需求预测与培养目标结构定位描述对应关系见表3-7。

表 3-7　需求预测与专业培养目标的对应关系表

目标结构	调研需求预测	目标定位描述
服务面向	根据最近三年毕业生就业地区分析,毕业生有 68.88% 在重庆就业,在西南其他省份(云南、四川、贵州、西藏)就业人数约为 14.29%。毕业生在重庆及西南地区就业比例达到83.17%,确定服务面向定位为:立足重庆,面向西南	立足重庆,面向西南
职业能力特征(包括知识、能力、素质等)	根据对重庆市永川区、璧山区、北碚区、荣昌区、南川区、沙坪坝等 16 个区县以及贵州、云南、四川、西藏等省区开展的服务面向地区基础教育改革和教师队伍建设需求调研,结果显示用人单位在选用本专业毕业生时重点考查以下两个方面: (1)具有良好的教师职业道德。包括对教育的热爱、学生的关爱、教师工作的认同、工作态度认真负责、为人师表、吃苦耐劳等; (2)具备较高水平的教师技能。包括能正确解读课程标准和教材、能科学分析学生学情、能根据学生情况开展教学设计、能较好地开展课堂教学和课外活动等	培养政治素质过硬,热爱基础教育事业,具有人文底蕴和科学精神,具备扎实的英语学科专业基础,较强的以素养为导向的课程教学能力,良好的班级组织管理与班级建设能力,具有中国情怀和国际视野,善于合作沟通与创新
	根据对高校同行专家与基础教育专家的调研结果分析,本专业毕业生应具备以下职业能力: (1)沟通与合作能力; (2)创新能力; (3)可持续发展能力	
	根据对专业师生与管理者的调研论证分析,本专业毕业生应具备以下职业能力: (1)学科专业基础知识; (2)反思能力	

续表

目标结构	调研需求预测	目标定位描述
人才定位	基础教育需求与用人单位需求调查分析： 基础教育和用人单位需要能独当一面,起骨干引领作用的高素质教师	预计五年左右成为能胜任中学英语教学及相关教育工作的中学英语骨干教师

人才培养方案修订小组根据调研结果,拟定培养目标,并对目标合理性进行了评价。本专业于 2020 年 4 月至 5 月期间,通过网络问卷、函评、座谈、访谈等多种形式,组织了毕业生代表、用人单位代表、在校生、行业专家、专业教师及教学管理人员等,对 2020 版本科人才培养方案的培养目标合理性进行评价和论证,形成了《英语专业 2020 版人才培养目标合理性评价报告》(见本节材料 4)。调研显示,本专业毕业生对培养目标各维度的认同度达到 96.29%,用人单位对培养目标各维度的认同度达到 98.52%,在校生对培养目标各维度的认同度达到 94.28%,行业专家、专业教师及教学管理人员对培养目标各维度的认同度均超过98%。

合理性论证结果认为:培养目标内容明确清晰,描述具体,便于执行和评价;增加了师范生毕业后五年左右在社会和专业领域的发展预期,使培养目标具有前瞻性,聚焦了学生未来的发展;培养目标从职业素养、专业能力、育人能力、发展能力等四个维度规划的培养要求,定位准确,内容全面,体现了党的教育方针和当前国家对教师队伍建设的要求;培养目标中强调了育人能力和教学能力、人文和科学素养等方面的全面培养,符合基础教育改革的要求和趋势。

材料 1:

外国语学院 2020 版本科专业人才培养方案制定实施方案

本着深入学习贯彻全国教育大会、新时代全国高等学校本科教育工作会议、重庆市教育大会和重庆文理学院第七次教学工作会的相关精神,进一步深化本科教育教学改革、推进专业内涵建设、全面提升人才培养质量的目的,为迎接师范专业认证做准备,特制定外国语学院 2020 版本科专业人才培养方案制定实施方案。

一、组织机构

为保障 2020 版人培方案制定工作顺利推进,学院下设两个工作小组,分别负责人才培养方案的制定和跟踪督导,确保工作有序、高效完成。

(一)人才培养方案制定工作小组

组　长:(人名略)

副组长:(人名略)

成　员:(人名略)

秘　书:(人名略)

(二)跟踪督导小组

组　长:(人名略)

成　员:(人名略)

二、制定原则

以教育部《普通高等学校本科专业类教学质量国家标准》《普通高等学校师范类专业认证实施办法(暂行)》和《重庆文理学院关于制定2020 版本科专业人才培养方案的指导意见》为引领,坚持学生中心、产出导向、强化素养的原则,紧密结合社会人才需求和专业人才培养质量标准,在深入厘清培养目标、毕业要求、课程体系、教学内容等关系的基础上致力于制定适应新形势下行业发展需求、具有鲜明特色的人才培养方案,为社会培养高素质的卓越人才服务。

(一)学生中心

始终将学生的能力发展视为人才培养方案制定工作的中心,重组课程体系,积极引导教师在教学实践中注重激发学生的学习兴趣和潜能、重视教育教学改革与创新,推动本科教学从以"教"为中心的传统模式持续向以"学"为中心的新模式转变。

(二)产出导向

全面了解新形势下社会发展对人才能力结构的要求,积极主动对接行业发展对人才的需求,以此作为人才培养方案修订的立足点与参考依据,不断优化人才培养方案及课程设置体系,使之更加贴近实际人才需求,从而不断提高人才培养的目标达成度、社会适应度、条件保障度、质保有效度和结果满意度。

（三）强化素养

基于学校办学定位和学院各专业特点，融传统与创新于一体，突出培养支撑学生持续发展、适应时代要求的认知能力、合作能力、创新能力和职业能力，兼顾时代特点与专业办学特色，推动人才培养质量持续提升。

三、工作安排（表3-8）

表3-8　工作安排

阶段	工作内容		完成时间	责任人	成员	备注
第一阶段	人才需求调研	调研计划、方式制定	2019.10.8—2019.10.30	（略）	（略）	结合各专业特点分类制定调研计划、方式，并分别开展调研工作，收集整理各项调研数据，撰写调研报告
		调研实施与调研报告撰写				
	跟踪督导			（略）	（略）	督导进展情况
第二阶段	讨论交流	专家引领	2019.10.15—2019.10.31	（略）	（略）	专家解读师范类专业认证理念
		分组交流		（略）	教研室成员	结合调研数据，深入讨论新版人培方案人才培养目标定位
	跟踪督导			（略）	（略）	督导进展情况
第三阶段	人培方案制定		2019.11.1—2019.12.10	（略）	（略）	英语（师范）、商务英语专业分别制定20版人培方案初稿，经外请专家论证、各专业教研室全体教师讨论后进行不低于三次的修改；待教务处组织校外专家评审反馈意见后再次完善方案并正式提交
	人培方案修改		2019.12.11—2019.12.30			
	人培方案完善		2020.4.1—2020.4.15			
	跟踪督导			（略）	（略）	督导进展情况

续表

阶段	工作内容		完成时间	责任人	成员	备注
第四阶段	课程大纲撰写	撰写培训	2019.12.23—2019.12.28	(略)	全体任课教师	解读人培方案课程体系编制理念与大纲撰写内在关联以及大纲撰写要点
		大纲撰写	2019.12.29—2020.2.29	(略)	全体任课教师	各课程组依据新版人培方案课程体系设置撰写各门课程大纲,责任到人
		学院审核	2020.3.1—2020.4.15	(略)	(略)	分教室对各门课程大纲逐一进行审核
		讨论修改	2020.4.16—2020.5.15	(略)	全体任课教师	针对学院审核反馈意见,分教研室讨论,各课程组落实修改
		大纲定稿	2020.5.16—2020.6.22	(略)	(略)	定稿前由教研室对修改后的课程大纲进行再审核
		学校审定	2020.6.23—2020.6.30	(略)		
	跟踪督导			(略)	(略)	督导进展情况

四、保障措施

1.要求党员干部积极带头工作;

2.严格纪律,不得推诿或拖延,不得缺席;

3.实施负责人负责制度;

4.实行督导组跟踪通报制度,对没有及时或工作低质的责任人进行院内通报。

外国语学院

2019 年 11 月

材料 2:

外国语学院英语专业 2020 版人才培养方案制定调研报告

英语专业 2020 版人才培养方案制定调研以国家师范类专业认证实施方案为指导,坚持"学生中心、产出导向、持续改进"的基本理念,坚持科学、全面、真实的原则。本调研方案在学院领导的统一安排部署下,调动全系师生参与,调研范围广、力度大,能够全面、准确把握原人才培养方案中的问题,为 2020 版人才培养方案的制定提供坚实的调研依据。经过全体教师长达两个月的调研,取得了丰硕的成果,现将调研结果汇报如下。

一、调研方案

基于国家师范类专业认证标准和本专业毕业生的就业分布情况特制定本调研方案。

(一)调研对象

国内标杆高校、用人单位、本专业毕业生、本专业在校生。

(二)调研主要内容

(1)标杆高校相同专业的人才培养模式。

(2)用人单位的用人需求、对本专业人才培养质量的满意度与建议。

(3)毕业生对本专业人才培养模式的满意度与建议。

(4)在校生对本专业人才培养模式的感受与建议。

(三)调研方式

问卷调查、访谈、座谈、参观考察。

(四)调研工具

自编英语专业人才培养方案制定调查问卷(用人单位版);英语专业人才培养方案制定调查问卷(毕业生版);英语专业人才培养方案制定调查问卷(在校生版);英语专业人才培养方案访谈提纲(用人单位版);英语专业人才培养方案访谈提纲(毕业生版);英语专业人才培养方案访谈提纲(在校生版)。

(五)调研的实施过程

本次调研时间为 2019 年 10 月 8 日至 11 月 20 日,参加人员为学院领导、专业负责人、教研室主任、任课教师和相关辅导员。

二、调研概况

为做好 2020 版人才培养方案,我院从 10 月 8 日至 11 月 20 日,先后对永川新东方学校、永川中学、兴龙湖小学、璧山正兴中学、永川兴龙湖中学、盐城师范学院、四川民族学院、2016—2018 级在校生、2016—2018 届毕业生代表及用人单位代表等进行了调研。

(一)在校生调研情况

10 月 17 日,我院召集 2016 级、2017 级、2018 级在校生代表共计 40 余人,在格术楼 C603 举行了调研座谈会。学生代表踊跃发言,对我院人才培养、课程设置、毕业论文等提出了许多宝贵的意见。学生代表的建议主要集中在以下几点：

（1）对师范生的技能训练还需加强。

（2）个别专业选修课的课程学习目标不明确、学习任务布置不太合理。

（3）毕业论文的安排，开题时间仓促，准备不充分。参与毕业论文指导的教师的要求不完全一致，标准不统一。

（4）晨读晚练的安排，希望一年级集中安排，二年级的训练改为自主练习。

（二）毕业生调研情况

调研期间，通过电话、微信、QQ 对 2012 级—2014 级部分校友进行了访谈调研，访谈 20 余人次。同时，通过网络问卷，向 2016—2018 届毕业生代表发放调查问卷，收回问卷 110 份。毕业生普遍反映，学院的人才培养成效显著，教师敬业、关心学生的成长，学院所开设的课程有针对性。也对学院的发展提出了以下建议：

（1）加强语音教学，严格把握学生的语音关。大部分学生走上了中小学的教学岗位，希望有过硬的英语专业教师素养。

（2）多提供实践学习机会。比如，学科竞赛，班级赛、学院赛，让学生在实践中成长。

（3）班级管理、家庭教育技巧较弱，需要加强。

（4）可增加中小学生心理学相关课程，多了解中小学生心理特点，解决实际教学中出现的问题。

（三）用人单位调研情况

调研期间，走访了永川新东方培训学校、兴龙湖小学、永川中学、璧山正兴中学、永川兴龙湖中学，一则是了解我校校友及实习生在校工作情况，二则是了解用人单位对人才培养的建议。同时通过网络问卷，向用人单位代表发放了调查问卷，收回问卷 76 份。用人单位一致认为，我校培养的学生工作努力，责任心强，师德规范，有创新性。同时，也指出了人才培养中的不足。主要体现在：

（1）学生在班级管理、课堂管理、儿童心理发展特点等知识方面较薄弱。

（2）学生普遍在书写、板书、口语表达等方面有差距。

（3）学生对中学课改、英语学科核心素养了解欠缺。

（4）学生的专业知识还存在不扎实的现象，要加强学科知识的教学。

（四）行业企业调研情况

在对学校及教育培训机构调研过程中，也了解了目前中小学校及教育培训机构对英语教师的要求。学校指出：

（1）毕业生在教学岗位上具备了一定的专业知识，但是在抗压能力、沟通协调能力、心理疏导等方面还比较欠缺。

（2）学生在校所学的理论知识与乡镇中学实际课堂教学有脱节现象。建议学校在培养人才时，能多提供学生见习、研习等机会，让学生到中小学一线去感受真实的课堂。

（3）毕业生需要具备较强的学习能力。一般在工作岗位上，3～5年即可成长为一名优秀教师，学校要培养学生热爱学习、终身学习的观念。

（4）在课程设置上，可开设新课标解读、中小学心理学等课程。

（五）国内标杆高校调研情况

10月10日—12日，我院赴盐城师范学院外国语学院调研师范专业认证和人才培养方案。盐城师范学院已经通过了英语师范专业二级认证，作为一所地方本科院校，其成功的经验很值得借鉴。调研会上，盐城师范学院结合师范专业认证，从人才培养目标、学生毕业要求、核心课程设置、教学大纲制定等方面详解了人才培养方案制定过程中需要注意的各方面事项。也以教学实践为依据，分享了学生技能培养、教师授课水平提升、试卷和毕业论文质量保证等实际操作方面的丰富经验。对方院校对我院制订人才培养方案提出了以下建议：

（1）人才培养目标要有前瞻性，要体现特色。

（2）课程体系要合理支撑培养目标，要对指标进行分解，体现课程与培养目标的关联度。

（3）增加学生三年级的选修课开设，选修课也要体现对人才培养目标的达成度。

（4）统筹推进校内外协同培养。可以聘请中学优秀教师、教研员、优秀校友等进课堂或指导毕业论文。

三、调研结果反馈

（一）各利益相关方对本专业人才素养的需求情况

各利益相关方都认为师德规范、教育情怀、学科素养、教学能力、班级指导、综合育人、学会反思和沟通合作八大素养是未来中学英语教师需要具备的核心素养。用人单位负责人普遍认为师德规范、教育情怀、学科素养、教学能力较为重要；毕业生认为、教学能力、学科素养、师德规范、综合育人能力较为重要。在校生则认为除师德规范、教育情怀、学科素养、教学能力和班级指导能力之外，沟通合作能力也是未来中学英语教师应具备的重要素养之一。

所调研的毕业生针对这八项素养作出评判，认为本专业毕业生在教学能力、学科素养、师德规范方面做得比较好，在反思能力和沟通能力方面有待提升。用人单位也认为本专业毕业生在班级指导和综合育人能力方面有待加强，另外沟通合作能力也应有所提升。

此外，各利益相关方均表示为应对现今基础教育事业对师范生的要求与挑战，除以上提及的能力之外，师范生还应全方位发展，适应学校多种职能，有夯实的师范生技能，有专长，有跨学科教学能力，还需要践行师德，学会教学，学会育人，学会发展，有终身学习的能力，提高知识、能力和品质三个维度的相互促进，并要具备应对新时代下的教育观念的转变能力。

（二）各利益相关方对本专业人才培养情况的满意度

用人单位普遍反映我院毕业生基本素质好，职前培养比较充分，工作很勤奋，主动性非常高，大部分毕业生能够积极有效地完成学校安排的各项工作。96.05%的用人单位负责人满意或非常满意我院毕业生的教师整体素养，认为本专业毕业生已具备中学英语教师的素养。本专业毕业生在立德树人、职业规范和态度、教育热情、人文底蕴、科学精神、学科知识、教学技能、学科素养、学习能力、创新思维等方面得到用人方的一致认可。但在班级指导、综合育人及反思能力方面有待加强。

毕业生自我评价好。约83.61%的毕业生认为自己的教师素养很好或较好，86.44%的毕业生认为自己已经具备中学英语教师的素养。毕业生在自评中认为自己在跨学科知识、心理学知识、创造性地运用本土资源设计教学活动的能力、班级管理和活动组织能力、沟通能力（特别是与家长的沟通能力）、创新思维方面有所欠缺。

（三）本专业课程设置反馈

整体而言，约93.56%的在校生比较满意或非常满意本专业的课程设置，约5.88%的学生感到课程设置一般。具体而言，80%及以上的学生对涉及师德规范、教育情怀、学科素养、教学能力、综合育人方面的课程较满意。

学生表示更喜欢：（1）实用性较强的课程，包括研究教学理论与实践的课程，英语教学论、教育心理学等；（2）专业技能较强的课程，如基础英语、英语语音、英语口语等；（3）实训类的课程，如认知见习、试讲、教育实习等；（4）有趣的课程，包括课堂内容有趣、方式有趣、活动有趣等。

根据调研反馈，同学们建议：

（1）在课程设置上增加对课程标准的解读，与实际教学接轨。

（2）在教学方式上，更多给予学生展示的机会，如口语交际。教学任务的布置可以引发学生思考，学生参与度高。

（3）增加去教学单位进行现场教学的机会。

（四）本专业人才培养定位

在所调研的 2016—2018 届毕业生中，有 110 人参与调研。根据毕业生就业地区分析，毕业生有 72.33% 在重庆就业，在西南其他省份（云南、四川、贵州、西藏）就业人数约为 17.28%。毕业生在重庆及西南地区就业比例达到 89.61%，据此，初步确定服务面向定位：立足重庆，面向西南，辐射全国。此外，为了印证这一服务面向，本专业本着"学生中心、产出导向、持续改进"的理念，又对近三年的毕业生进行了跟踪调查。调查结果显示，近三年本专业毕业生在重庆地区就业占比为 68.88%，在西南其他省份（云南、贵州、四川）占比为 14.29%，毕业生在重庆及西南地区就业比例达到 83.17%。因此，可以确定本专业人才服务面向是合理的。在 2016—2018 届调研的毕业生中，担任过班主任、教学管理人员、教研组长、获得过各级各类奖励的教师比例约为 47.90%。其中，2018 届学生（毕业 4 年）成为骨干教师的比例为 34.88%，2017 届学生（毕业 5 年）成为骨干教师的比例为 51.22%，2016 届学生（毕业 6 年）成为骨干教师的比例为 71.43%。由于毕业生毕业年限在 4～6 年，虽然担任骨干的比例总体还不是特别高，但是用人单位对本专业毕业生的评价好，认为在岗位上的发展潜力大。

四、2015 版人才培养方案问题梳理

通过调研，反映出了目前 2015 版人才培养方案中存在的一些问题。主要体现为：

（1）实践教学环节不足。用人单位和校友均反映，在校期间的实践教学不足。学生虽有实习、见习教育，但目前的见习机会和区域主要集中在永川城区，由于学生人数较多，见习得到的指导不充分。再者，见习一般集中在城区学校，就业情况显示大部分学生进入了农村学校，学生有必要对农村学校的实际教学情况有所了解。

（2）目前人才培养方案中的特色性不强。在师范类专业认证中，人才培养目标中需要明确培养特色。2015版人才培养方案中规定我院培养的是中学英语教师，这个目标还需结合地方特点，体现我校培养的人才特色。

（3）《班主任工作》《心理学》等课程理论性强，实际操作不足。院校的协同培养还没形成常态化。

（4）学生技能训练还需强化。在校生及校友提及，在校技能训练的场所不够充分，技能训练的指导性还不强。

五、制定本专业2020版人才培养方案的思路

综合以上问题，对学院制订2020版人才培养方案提出以下思路：

（1）培养目标定位为"中学英语骨干教师"。通过调研可知，用人单位认为本专业毕业生具有较高素质，且绝大部分毕业生具备用人单位骨干教师的素养，大部分可被视为学校的骨干教师。由此可见，将培养目标定位为"中学英语骨干教师"，虽然要求较高，但是能够满足学生和用人单位需求，也具有可行性。

（2）突出能力为本，多元培养。以师范专业认证为导向，思考专业核心课程、专业主干课程的设置及学时。同时思考主修与辅修的关系，深化"合格＋"多元人才培养模式改革，促进学生全面发展、自主发展、个性化发展，尤其是强化学生技能训练。

（3）遵循产出导向，强化实践教学。遵循"从出口往回找"的基本思路，目前通过调研，已了解了行业对人才培养的要求，要组织教师集体研讨，结合地方特色，准确定位专业人才目标。整体设计实践环节，落实实践育人要求，更新实践教学内容，创新实践教学模式，加强综合性、设计性、创新性实践教学项目。

（4）优化课程设置体系，强化学生专业素养。在调研中，有部分用人单位提及我校学生的专业知识有待加强。在本次人才培养方案制定中，要加强专业主干课程、专业核心课程建设，增加其学时学分，整合、削减、删除过于精深、内容狭窄且与职业需要关系不大的课程。突出培养支撑终身发展、适应时代要求的认知能力、合作能力、创新能力和职业能力，着力加强学生社会责任感、职业道德、沟通协调、心理健康、安全意识等非技术素养。

（5）统筹推进协同育人。建立与政府、企业、一线学校、教育培训机

构、国内外知名高校的合作机制,推动产教融合、校企合作,共享优质资源,创新协同育人方式。将专家请进来,把老师送出去。邀请一线教师、教研员进课堂,参与授课或指导学生参赛、毕业论文。在人才培养方案中将协同培养目标明确化。

外国语学院

2019 年 12 月 30 日

材料 3:

英语专业本科人才培养方案(2020 版)

一、专业简介

英语专业是重庆文理学院办学历史最为悠久和最具优势的专业之一,办学源头追溯至 1977 年江津师范专科学校英语专科专业,2001 年开始开设英语教育本科专业。现有专任教师 33 人,其中高级职称 20 人,兼职硕士生导师 5 人,有教育部师范类专业认证专家 1 人,重庆市普通本科高等学校外国语言文学类专业教学指导委员会委员 2 人。90% 以上的教师具有硕士及以上学位,80% 以上的教师曾在国外进修、学习和工作。本专业拥有丰富的教学资源,完备的教育实践体系,秉承"课堂理论教学 + 课外技能训练 + 学科专业拓展"相融合的三位一体培养模式,为社会培养了大批志愿从教、扎根基层的优秀人才。

专业代码:050201 授予学位:文学学士

基本学制:4 年 学习年限:3 ～ 6 年

二、培养目标

(一)总目标

本专业立足重庆,面向西南,培养政治素质过硬,热爱基础教育事业,具有人文底蕴和科学精神,具备扎实的英语学科专业基础,较强的以素养为导向的课程教学能力,良好的班级组织管理与班级建设能力,具有中国情怀和国际视野,善于合作沟通与创新,能够在中学和其他教育机构从事英语教学及相关教育工作的中学英语骨干教师。

(二)分目标

[目标 1] 忠诚党的教育事业,贯彻党的教育方针,积极践行社会主义核心价值观,热爱基础教育事业,具有依法执教意识,具有高度的职

业认同感、社会责任感和师德素养,爱岗敬业,勤奋进取。(职业素养)

[目标 2]具备扎实的英语专业学科知识,具有良好的英语语言运用能力,具有人文底蕴和科学精神,能弘扬中华优秀传统文化。熟悉中学英语课程标准,能整合相关学科知识,组织实施素养导向的中学英语教育教学活动,能上优质示范课,在教学团队建设中发挥骨干作用,并能针对教育教学中的实际问题,开展教学改革与研究,发挥示范引领作用。(专业能力)

[目标 3]具有德育为先的教育观,理解学生身心发展和养成规律,能结合英语学科教学进行育人活动,将品德养成融入知识学习和能力发展中,能与教师、学生、家长进行有效沟通与协作,在学科教学、班级建设与管理和实践活动中促进中学生德智体美劳全面发展。(育人能力)

[目标 4]牢固树立终身学习理念和专业发展意识,能根据国内外基础教育改革发展动态,初步规划专业学习与职业发展。在教育教学工作实践中具备较强的团队协作精神和沟通能力,并能不断反思与创新,持续提升教师专业能力。(发展能力)

三、毕业要求

(一)毕业要求及分解指标点

[毕业要求 1]师德规范:积极践行社会主义核心价值观,在思想、政治、理论和情感上认同习近平新时代中国特色社会主义思想,坚决贯彻党的教育方针、政策,牢记立德树人的重要使命,恪守教师职业道德规范,依法开展教育教学工作,立志成为"四有"好老师。

【1.1 理想信念】能够积极践行社会主义核心价值观,增进对中国特色社会主义的思想认同、政治认同、理论认同和情感认同。

【1.2 立德树人】能够自觉贯彻党的教育方针、政策,以立德树人为己任,做到知行合一,在教育教学活动中注重将师德认识内化为师德认同、转化为师德行为,立志成为新时代"四有"好老师。

【1.3 依法执教】能够遵守中学教师职业道德规范,具有依法执教意识,掌握营造践行师德的环境,创新师德养成的路径、形式和方法。

[毕业要求 2]教育情怀:热爱教育事业,从事中学英语教育工作的意愿强烈,在情感、价值观等方面认同中学英语教师工作的专业性和在新时代的重要使命。具有一定的人文底蕴和科学精神,具备正确的教育观、教师观和学生观,成为学生成长成才的引路人和奠基人。

【2.1 职业认同】通过课程学习和教育教学实践活动,树立正确的教

育观和教师观,认同中学英语教师工作的意义,具有强烈的从教意愿,做学生学习的促进者。

【2.2 关爱学生】具有人文底蕴和科学精神,能够树立正确的学生观,关爱学生,平等对待每一个学生,工作耐心细致,做学生成长的引路人。

[毕业要求3] 学科素养:具备较强的英语语言文学文化知识与能力水平,形成较强的英语学科核心素养,了解英语学科的发展及其与政治、文学、历史等其他学科及社会实践之间的联系。熟悉中国语言文化知识,具备较强的跨文化交际能力、思辨能力和一定的国际视野;了解学习科学的基本知识。

【3.1 学科基础】系统掌握英语学科的基本知识和英语语言基本技能,能够理解英语学科核心素养的内涵,初步掌握基于核心素养的学习方法与学习策略。

【3.2 学科整合】具有科学的学科观,具有整合教育学、心理学和英语学科教学法基本理论和方法的意识,形成跨学科知识,理解英语学科在社会生活中的实践价值。

【3.3 综合运用】具有中国情怀与国际视野,熟悉中国语言文化知识,具备一定的跨文化能力、文学鉴赏能力和思辨能力,能够综合运用英语学科知识和学习科学相关知识,分析和解决英语教学问题。

[毕业要求4] 教学能力:熟练掌握中学英语知识体系,理解中学英语课程标准,结合中学生身心发展规律,运用教育学、心理学、英语教学论等相关学科知识和信息技术,以学生为中心进行教学设计、实施和评价。具备较强的中学英语教学能力和一定的教研能力。

【4.1 教学理念】能够树立以学习者为中心、以学定教的教学意识和观念开展中学英语教学工作,在教学中践行学生中心理念。

【4.2 教学知识】能够根据外语教育教学理论和中学英语学科课程标准以及中学生认知发展和认知特点,初步形成中学英语学科教学知识(PCK)。

【4.3 教学技能】能够基于中学英语课程标准,对教材进行分析,能够正确把握学情,基于多元评价理念,借助信息技术,独立进行教学设计、实施和评价,引导学生独立思考和主动探究。

【4.4 教研能力】能够在英语教学实践中进行教学反思,开展教学研究,并通过教学研究持续提升教学能力。

[毕业要求5]班级指导:熟悉中学德育基本原理和方法,基本掌握班级管理与建设的知识与技能。在班主任工作实践中,能以德育为先的理念组织与指导德育和心理健康教育等教育活动,并从中获得积极体验。

【5.1 德育为先】了解德育和中学生心理健康的主要内容,熟悉开展德育和心理健康教育的主要途径,掌握德育和心理健康教育的主要方法。

【5.2 班队建设】掌握班级组织与建设的工作规律和基本方法,能在专业实践和毕业实习中观摩、开展德育、社会实践和心理健康教育活动,能够策划班级活动,获得积极的体验感。

[毕业要求6]综合育人:能基本把握中学生身心发展和养成教育规律。理解英语学科在学生成长成才中的育人作用,熟悉英语学科的育人方法并建构起基本的英语学科育人能力。了解学校文化和教育活动育人的知识,能通过参与组织主题教育、社会实践和社团活动等对学生进行教育和引导,获得综合育人的积极体验。

【6.1 理念育人】了解中学生身心发展和养成教育规律,理解英语学科的育人价值,熟悉中学英语课堂教学中常见的育人方法,能够将育人目标融入英语学科教学。

【6.2 活动育人】了解学校文化和教育活动的育人内涵及方法,通过参与组织主题教育和社团活动,对学生进行有效地教育和引导,能在中学英语教学设计和主题教育、社团活动中开展育人活动。

[毕业要求7]学会反思:具备终身学习与专业发展意识,能够根据国内外基础教育改革发展动态与中学外语教育改革发展趋势与特点进行专业学习并制定职业生涯发展规划。具有一定的创新意识和较强的反思能力,能够运用批判性思维方法分析和解决中学英语教育教学中的实际问题。

【7.1 终身学习】主动了解国内外基础教育改革前沿动态和发展趋势,树立终身学习理念。

【7.2 自我规划】了解英语教师专业发展的内容和途径,熟悉英语教师专业发展的基本方法,具备一定的自我规划能力和职业发展意识。

【7.3 反思能力】初步掌握批判性思维方法和反思技能,具有一定的创新意识,能对自己的专业学习和教育教学活动进行反思,能就中学英语教学中的相关问题进行初步分析和研究。

[毕业要求8] 沟通合作：在专业学习和相关实践中能理解学习共同体的重要作用，能够有效开展小组合作学习，获得小组互助和合作学习的积极体验，具备较强的沟通和团队协作能力。

【8.1 团队意识】了解学习共同体的价值和对专业发展的价值，形成主动积极参与团队协作活动的意识。

【8.2 合作技巧】掌握团队合作的技巧与方法，乐于分享交流实践经验，在小组学习和合作学习中形成积极的体验。

【8.3 沟通能力】善于倾听利益相关方的意见与建议。在各类专业学习、实践和毕业实习中，积极与同伴、教师、家长等方面进行沟通，具备较好的沟通能力。

（二）毕业学分要求

毕业学分：165 学分

学位课程学分：74 学分

（三）学位授予条件

学生须修读完本专业全部课程，达到《重庆文理学院学士学位授予工作实施细则》规定的授予条件，方可获得相应学位。

四、培养目标—毕业要求关联矩阵（表3-9）

表3-9 "培养目标—毕业要求"关联矩阵（以"●"在相应部位标识）

毕业要求	培养目标			
	职业素养	专业能力	育人能力	专业发展
师德规范	●			
教育情怀	●		●	
学科素养		●		●
教学能力		●		●
班级指导	●		●	
综合育人			●	
学会反思				●
沟通合作			●	

五、岗位—任务—能力—课程结构简表（表3-10）

表3-10　岗位—任务—能力—课程结构简表

主要岗位（群）	典型工作任务	专业核心知识	专业核心能力	专业核心课程
中学及其相关教育机构从事英语教学、教研、管理、工作的中学英语骨干和教育管理后备人才	教学工作；教育教学研究；班级管理工作；学生学习辅导	英语专业学科知识；英语教学理论与方法策略知识；心理学及教育学知识	英语语言运用能力；中学英语教学设计与实施能力；教研教改能力；组织管理能力	综合英语英语演讲与辩论英语视听说英语写作英语阅读英语语法英语课程与教学论教育心理学

六、主干学科与学位课程

主干学科：英语语言文学

学位课程：思想道德修养与法律基础、中国近现代史纲要、马克思主义基本原理概论、毛泽东思想和中国特色社会主义理论体系概论、综合英语、英语语法、英语视听说、英语口语、英语阅读、英语写作、英语演讲与辩论、汉英笔译、跨文化交际、中国文化概要、英语课程与教学论、教育心理学。

七、职业资格证书、学科竞赛和创新创业教育

职业资格证书：学生考取教师资格证、普通话证书、三笔字证书等，获得者按照《重庆文理学院学生成绩管理办法》认定替代课程。

学科竞赛：组织学生参加各级各类学科竞赛，全国大学生英语演讲、写作、阅读大赛，师范生教学技能比赛，师范生微课比赛，公文写作大赛等。

创新创业教育：鼓励学生参加"挑战杯"中国大学生创业创新大赛、创新创业训练项目等竞赛活动，学分替代按照《重庆文理学院学生成绩管理办法》予以认定。

八、课程结构学时学分构成（表3-11、表3-12、表3-13、表3-14、表3-15）

表3-11　课程计划总学分数构成

课程计划总学分数	理论教学		实践教学	
165	学分数	比例（%）	学分数	比例（%）
	118	71.5	47	28.5

表3-12　课程分类计划学分数构成

课程类别	通识教育课程	学科基础课程	专业课程	教师教育课程	合计
学分数	46	43	40	20	149
比例（%）	27.9	26.1	24.2	12.1	

表3-13　实践教学环节构成及其学分比例

课程计划总学分数	实践教学课程学分	实践课程（包括实验实训等）		集中实践教学（包括认知见习、专业实习、毕业实习、毕业论文、军训、其他）	
	合计学分数	比例（%）	学分数	比例（%）	学分数
165	47	28.5	31	9.7	16

表3-14　选修课学分数构成

课程计划总学分数	选修课		通识教育选修课		专业选修课	
	合计学分数	比例（%）	学分数	比例（%）	学分数	比例（%）
165	28	17.0	10	6.1	18	10.9

表3-15　学期周学时分布表

学期	一	二	三	四	五	六	七	八
周学时	22	24	23	24	25	21	毕业实习	2

九、课程计划表（表3-16）

表3-16　课程计划表

课程类别		课程代码	课程名称（学位课程用＊标注）	学分	学时	学时分配		考核方式（考试/考查）	考核组织形式（集中/分散）	开设学期	开课单位
						理论	实践				
通识教育课程	必修课程	3070001	思想道德修养与法律基础＊	3	48	40	8	考试	集中	2	马院
		3070002	中国近现代史纲要＊	3	48	40	8	考试	集中	1	马院
		3070004	马克思主义基本原理概论＊	3	48	48		考试	集中	4	马院
		3070003	毛泽东思想和中国特色社会主义理论体系概论＊	5	80	64	16	考试	集中	5	马院
		3051101	大学体育1	1	32	32		考试	分散	1	体育
		3051102	大学体育2	1	32	32		考试	分散	2	体育
		3051103	大学体育3	1	32	32		考试	分散	3	体育
		3051104	大学体育4	1	32	32		考查	分散	4	体育
		3070005	形势与政策	2	32	32		考查	分散	1～4	马院
		3210001	大学生创新创业基础	2	32	32		考查	分散	2～3	创新创业

续表

课程类别	课程代码	课程名称(学位课程用*标注)	学分	学时	学时分配		考核方式(考试/考查)	考核组织形式(集中/分散)	开设学期	开课单位
					理论	实践				
	3230001	军事理论	2	36	36		考试	分散	1	武装部
	3140001	计算机应用基础A	2	32	16	16	考试	集中	2	人工智能
	3011101	汉语应用文写作	2	30	16	14	考试	集中	1	文传
	3031101	第二外语1	2	32	32		考试	集中	4	外语
	3031102	第二外语2	3	48	48		考试	集中	5	外语
	3031103	第二外语3	3	48	48		考试	集中	6	外语
		小计	36	642	580	62				
选修课程(限选)	3010001	国学智慧	2	32	32		考查	分散	2～3	文传
	3022011	大数据概论	2	32	32		考查	分散	2～3	数学
	3140003	人工智能概论	2	32	32		考查	分散	2～3	人工智能
	3140004	云计算概论	2	32	32		考查	分散	2～3	人工智能
	3140005	虚拟现实技术	2	32	32		考查	分散	2～3	人工智能
	3120000	云商务概论	2	32	32		考查	分散	2～3	经管
		小计	4	64	64					

续表

课程类别	课程代码	课程名称（学位课程用*标注）	学分	学时	理论	实践	考核方式（考试/考查）	考核组织形式（集中/分散）	开设学期	开课单位
通识选修课程		人类文明与哲学类课程	2	32	32		考查	分散	2~6	教务处
		自然与科技类课程	2	32	32		考查	分散	2~6	教务处
		人文与美育类课程	2	32	32		考查	分散	2~6	教务处
		经济与社会类课程	2	32	32		考查	分散	2~6	教务处
		小计	6	96	96					
		小计	46	802	740	62				
学科基础课程 必修课程	6031101	综合英语（一）*	6	90	60	30	考试	集中	1	外语
	6031102	综合英语（二）*	6	96	64	32	考试	集中	2	外语
	6031103	综合英语（三）*	4	64	48	16	考试	集中	3	外语
	6031104	综合英语（四）*	4	64	48	16	考试	集中	4	外语

续表

课程类别	课程代码	课程名称（学位课程用＊标注）	学分	学时	学时分配		考核方式（考试/考查）	考核组织形式（集中/分散）	开设学期	开课单位
					理论	实践				
	6031105	英语语法＊	2	32	32		考试	集中	2	外语
	6031106	英语视听说（一）＊	2	30	16	14	考试	集中	1	外语
	6031107	英语视听说（二）＊	2	32	16	16	考试	集中	2	外语
	6031108	英语视听说（三）＊	2	32	16	16	考试	集中	3	外语
	6031109	英语口语＊	2	30	16	14	考查	分散	1	外语
	6031110	英语阅读（一）＊	2	30	20	10	考试	集中	1	外语
	6031111	英语阅读（二）＊	2	32	20	12	考试	集中	2	外语
	6031112	英语阅读（三）＊	3	48	32	16	考试	集中	3	外语
	6031113	英语写作（一）＊	2	32	20	12	考试	集中	2	外语
	6031114	英语写作（二）＊	2	32	20	12	考试	集中	3	外语
	6031115	英语写作（三）＊	2	32	20	12	考试	集中	4	外语
		小计	43	676	448	228				

续表

课程类别	课程代码	课程名称（学位课程用*标注）	学分	学时	学时分配		考核方式（考试/考查）	考核组织形式（集中/分散）	开设学期	开课单位
					理论	实践				
专业课程 必修课程	6031116	英语语音	2	30	16	14	考查	分散	1	外语
	6031117	英语演讲与辩论（一）*	2	32	16	16	考查	分散	4	外语
	6031118	英语演讲与辩论（二）*	2	32	16	16	考查	分散	5	外语
	5031119	英汉笔译	2	32	16	16	考试	集中	5	外语
	5031120	汉英笔译*	2	32	16	16	考试	集中	6	外语
	6031121	英语文学导论	2	32	32		考试	集中	4	外语
	5031122	口译基础	2	32	16	16	考试	分散	5	外语
	5031123	英语语言测试与评价	2	32	16	16	考查	分散	6	外语
	6031124	西方文明史	2	32	32		考查	分散	5	外语
	5031125	中国文化概要*	2	32	32		考试	分散	3	外语
	6031126	跨文化交际*	2	32	32		考试	分散	6	外语
	6031127	语言学导论	2	32	32		考查	集中	6	外语
	6031128	研究方法与学术写作	2	32	24	8	考查	分散	6	外语
		小计	26	414	296	118				

续表

课程类别	课程代码	课程名称（学位课程用*标注）	学分	学时	学时分配 理论	学时分配 实践	考核方式（考试/考查）	考核组织形式（集中/分散）	开设学期	开课单位
选修课程	6031129	英语文学作品选读	2	32	32		考查	分散	4	外语
	6031130	英语短篇小说选读	2	32	32		考查	分散	4	外语
	6031131	英汉语言对比	2	32	32		考查	分散	4	外语
	6031132	英语戏剧选读	2	32	32		考查	分散	5	外语
	6031133	英语词汇学	2	32	32		考试	分散	5	外语
	6031134	英国文学史	2	32	32		考查	分散	5	外语
	5031135	计算机辅助翻译	2	32	16	16	考试	分散	5	外语
	5031136	英语国家社会与文化	2	32	32		考查	分散	6	外语
	6031137	英语文体学	2	32	32		考查	分散	6	外语
	6031138	英语语用学	2	32	32		考查	分散	6	外语
	5031139	中级口译	2	32	16	16	考试	分散	6	外语
	6031140	美国文学史	2	32	32		考查	分散	6	外语
	5031141	文学翻译	2	32	16	16	考查	分散	6	外语
	6031142	第二语言习得	2	32	32		考查	分散	8	外语
	6031144	文学理论与批评	2	32	32		考查	分散	8	外语
	6031145	跨文化研究专题	2	32	32		考查	分散	8	外语
		小计	14	224	208	16				

备注：第4、5、6、8学期累计选修不低于14学分，每学期选修不少于2学分

续表

课程类别		课程代码	课程名称（学位课程用*标注）	学分	学时	学时分配		考核方式（考试/考查）	考核组织形式（集中/分散）	开设学期	开课单位
						理论	实践				
教师教育课程	必修课程	3110104	教师口语	2	32	16	16	考试	分散	2	教育
		3110103	书写基础	2	32	16	16	考试	分散	3	教育
		1110302	教育心理学*	3	48	48		考试	集中	3	教育
		1110001	教育学原理	3	48	48		考查	集中	4	教育
		3110109	教育法律法规与教师职业道德	1	16	16		考查	分散	5	教育
		6031148	英语课程与教学论1*	2	32	32		考查	分散	4	外语
		6031149	英语课程与教学论2（含微格教学）*	2	32	22	10	考查	分散	5	外语
		5031150	中学英语课程标准解读与教材分析	1	16	16		考查	分散	5	外语
			小计	16	256	214					

续表

课程类别	课程代码	课程名称（学位课程用＊标注）	学分	学时	学时分配		考核方式（考试／考查）	考核组织形式（集中／分散）	开设学期	开课单位
					理论	实践				
选修课程	3010003	现代教育技术	1	16	8	8	考查	分散	4	文传
	3110106	班主任工作实务	1	16	8	8	考试	集中	4	教育
	6031152	中学英语优质课案例分析与评价	1	16	8	8	考查	分散	5	外语
	5031154	中学英语教学设计与实践	1	16	8	8	考查	分散	5	外语
	3110305	青少年心理健康教育	1	16	8	8	考查	分散	5	教育
	3110111	教师仪表与教态	1	16	8	8	考查	分散	6	教育
	3110108	教育科研方法	1	16	8	8	考查	分散	6	教育
	5031157	外语教师专业发展研究	1	16	8	8	考查	分散	6	外语
		小计	4	64	32	32				
	备注：第4、5、6学期累计选修不低于4学分									
	集中实践环节		16							
	合计		165							

续表

课程类别	课程代码	课程名称（学位课程用*标注）	学分	学时	学时分配		考核方式（考试/考查）	考核组织形式（集中/分散）	开设学期	开课单位
					理论	实践				
备注		1. "思政课"的实践教学由马克思主义学院制定方案并组织实施。 2. "形势与政策"采取两种形式开展，一是1～4学期以专题讲座形式开展，由马克思主义学院确定课题和教师并组织实施；二是其他学期主要依托"大学生周末思想教育"课程开展，由学校学生工作处组织实施。 3. 专业核心课程参照《国标》和教学指南列出。 4. 学生修完《大学生就业指导》课程并合格。 5. 至少选修6学分的通识教育类育课程。所有专业均应选修人文美育类通识教育选修课2学分，由招生就业处负责组织实施。理工农类专业应当选修不少于2个学分的自然科学类通识教育课程。选修不少于2个学分的人类文明与哲学类通识教育课程，人文社科类专业应当选修不少于2个学分的自然科学类通识教育课程。 6. 根据本专业特点，积极探索"合格+"（即卓越类、创业类、复合类、深造类和特长类）多元人才培养，服务学生个性化发展需求。 7. 劳动教育课程将结合社会实践（社会调查、志愿服务、勤工助学、支教活动）开展，不低于32学时。 8. 学生通过参加第二课堂活动获得的成绩依据《重庆文理学院"第二课堂成绩单"学分认定实施办法》进行学分认定。								

十、集中实践教学模块(表3-17)

表 3-17　集中实践教学模块

实践教学课程	课程/项目名称	课程编码	学时（时长）	学分	开设学期	备注
军事训练	军事技能	3230002	2周	2	1	
实践教学	认知见习	1031201	4周	0.5	1~4	1~4学期,每学期1周,形成认知报告
	教育研习	1031202	2周	0.5	5~6	第5~6学期各开展1周,看、学、思相结合,形成学习报告
	教师职业基本功训练与实践	1031203	12周		1~6	所有师范生均须参加英语语音与诵读训练、英文书写、课件设计、微课制作实践,学院组织考核验收。三字一话达到学校考核要求
	课程试讲	1031205	4周		6	达到学校考核要求,未通过者不能参加毕业实习
创新创业实践	学科竞赛	1031206		0.5	3~8	至少修读1个学分
	英语学习兴趣小组	1031207		0.5	3~8	
	创新创业项目	1031208		0.5	3~8	
社会实践	社会调查	1031210		0.5	3~8	至少修读1个学分
	志愿服务	1031211		0.5	3~8	
	勤工助学	1031212		0.5	3~8	
	支教活动	1031213		0.5	3~8	

续表

实践教学课程	课程/项目名称	课程编码	学时（时长）	学分	开设学期	备注
国际交流	出国（境）学习（或参加涉外活动）	1031214		0.5	3～8	任选，不计入总学分。所修学分可替代社会实践学分
综合实践	毕业实习	1031216	18周	6	7	按学校和学院相关方案执行
	毕业论文（设计）	1031217	14周	5	7～8	
合计				16		

十一、毕业要求实现矩阵（表3-18）

表3-18　英语专业课程与毕业要求的关联度矩阵表

课程类别	课程模块	课程名称（项目名称）	毕业要求							
			师德规范	教育情怀	学科素养	教学能力	班级指导	综合育人	学会反思	沟通合作
通识教育课程	必修	思想道德修养与法律基础*	H	M				H		
		中国近现代史纲要*	M	M				M	H	
		马克思主义基本原理概论*		L				M	H	
		毛泽东思想和中国特色社会主义理论体系概论*	H	L				M	M	
		大学体育1		L				H		L
		大学体育2		L				H		L
		大学体育3		L				H		L
		大学体育4		L				H		L
		形势与政策	M					M	H	
		大学生创新创业基础						L	H	M

续表

课程类别	课程模块	课程名称 （项目名称）	毕业要求							
			师德规范	教育情怀	学科素养	教学能力	班级指导	综合育人	学会反思	沟通合作
		军事理论						H	L	
		计算机应用基础A				H		L		
		汉语应用文写作			H	M				
		第二外语1			H				L	M
		第二外语2			H				L	M
		第二外语3			H				L	M
	选修	国学智慧						M	M	
		大数据概论						M	M	
		人工智能概论						M	M	
		云计算概论						M	M	
		云商务概论						M	M	
		人类文明与哲学类课程						L	H	
		责任与科技类课程						L	M	
		人文与美育类课程						L	M	
		经济与社会类课程						L	M	
学科基础课程	必修	综合英语（一）*	L	H	M			M	M	M
		综合英语（二）*	L	H	M			M	M	M
		综合英语（三）*	L	H	M			M	M	M
		综合英语（四）*	L	H	M			M	M	M
		英语语法*			H	M			L	
		英语视听说（一）*			H	M		M		L
		英语视听说（二）*			H	M		M		L
		英语视听说（三）*			H	M		M		L
		英语口语*			H	M		M		M
		英语阅读（一）*			H	M		L	M	

续表

课程类别	课程模块	课程名称（项目名称）	毕业要求							
			师德规范	教育情怀	学科素养	教学能力	班级指导	综合育人	学会反思	沟通合作
专业课程		英语阅读（二）*			H	M		L	M	
		英语阅读（三）*			H	M		L	M	
		英语写作（一）*	L		H	M		M	M	H
		英语写作（二）*	L		H	M		M	M	H
		英语写作（三）*	L		H	M		M	M	H
	必修	英语语音			H	M				
		英语演讲与辩论（一）*		M	H				H	M
		英语演讲与辩论（二）*		M	H				H	M
		英汉笔译			H	M			L	
		汉英笔译*			H	M			L	
		英语文学导论			H			M	M	
		口译基础	L		H			L		M
		英语语言测试与评价			H	M			M	
		西方文明史		L	H			L	M	
		中国文化概要*	M		H	M		H	M	
		跨文化交际*			H	M		L	M	M
		语言学导论			H				M	L
		研究方法与学术写作			M	M			H	L
	选修	英语文学作品选读			M			M	M	
		英语短篇小说选读			M			M	M	
		英汉语言对比			M				M	
		英语戏剧选读			M			L	M	M
		英语词汇学			M	L			M	
		英国文学史			M			M	M	

续表

课程类别	课程模块	课程名称（项目名称）	毕业要求							
			师德规范	教育情怀	学科素养	教学能力	班级指导	综合育人	学会反思	沟通合作
教师教育课程		计算机辅助翻译			M			M		L
		英语国家社会与文化			M			L	M	
		英语文体学			M			M		L
		英语语用学			M			M		L
		中级口译	L		M			L		M
		美国文学史			M			M	M	
		文学翻译			M			M		L
		第二语言习得			M	M			M	
		文学理论与批评			M				M	L
		跨文化研究专题			M	M		L	M	M
	必修课程	教师口语				H				M
		书写基础				H		M		
		教育心理学 *	M	H		M	H		M	M
		教育学原理	H	H				H	M	M
		教育法律法规与教师职业道德	H	H			M		M	
		英语课程与教学论 1*		M	M	H		H	M	H
		英语课程与教学论 2*（含微格教学）		M	M	H		H	M	H
		中学英语课程标准解读与教材分析			M	H		M	M	
	选修课程	现代教育技术				M		M	L	
		班主任工作实务	M	M			H	M	L	
		中学英语优质课案例分析与评价				M			M	
		中学英语教学设计与实践				M			M	

续表

课程类别	课程模块	课程名称（项目名称）	毕业要求							
			师德规范	教育情怀	学科素养	教学能力	班级指导	综合育人	学会反思	沟通合作
		教师仪表与教态	L	M		M				M
		教育科研方法				M			M	
		青少年心理健康教育		L			M	M		M
		外语教师专业发展研究			M				M	M
集中实践环节	军事训练	军事技能						M		H
	实践教学	认知见习	M	H		H	H	M	H	
		教育研习	M	M		H			H	M
		教师职业基本功训练与实践			L	H		L		
		课程试讲			M	H		M	M	H
	创新创业实践	学科竞赛			M			M		M
		英语学习兴趣小组			M				M	H
		创新项目					M	M	H	
	社会实践	社会调查	L	M						M
		志愿服务	L	M						M
		勤工助学	L	M						M
		支教活动	M	M	M	M	L	M		M
	国际交流	出国(境)学习(或参加涉外活动)			M				M	M
	综合实践	毕业实习	M	H	M	H	H	H	M	M
		毕业论文(设计)		L	H	M			H	M

十二、换修课程

说明：为保证学生的正常重修，对 2020 版本科专业人才培养方案中不再开设的课程，请列出与其对应的选修课程（表 3-19）。

表 3-19　英语专业换修课程表

序号	2015 版本科专业人才培养方案停止开设的课程				重修学生换修课程			
	名称	学分	课程属性		名称	学分	课程属性	
			必修	选修			必修	选修
1	英语听力 1	2	√		英语视听说（一）	2	√	
2	英语听力 2	2	√		英语视听说（二）	2	√	
3	英语听力 3	2	√		英语视听说（三）	2	√	
4	英语听力 4	2	√		口译基础	2	√	
5	英语口语 1	2	√		英语口语	2	√	
6	英语口语 2	2	√		英语语音	2	√	
7	英语口语 3	2	√		英语演讲与辩论（一）	2	√	
8	英语口语 4	2	√		英语演讲与辩论（二）	2	√	
9	英语阅读 4	2	√		英语文学导论	2	√	
10	英语国家概况	3	√		英语国家社会与文化 + 选修课	3	√	
11	英语（师范）专业导论	1	√		中学英语课程标准解读与教材分析	1	√	
12	英美文学选读	2	√		英语文学作品选读	2		√
13	笔译基础 1	2	√		英汉笔译	2	√	
14	笔译基础 2	2	√		汉英笔译	2	√	
15	高级英语 1	4	√		英国文学史 + 英语文体学	4		√
16	高级英语 2	4	√		美国文学史 + 英语语用学	4		√

续表

序号	2015 版本科专业人才培养方案停止开设的课程		课程属性		重修学生换修课程		课程属性	
	名称	学分	必修	选修	名称	学分	必修	选修
17	基础英语 1	8	√		综合英语(一)+英语阅读(一)	8	√	
18	基础英语 2	8	√		综合英语(二)+英语阅读(二)	8	√	
19	基础英语 3	6	√		综合英语(三)+英语阅读(三)	6	√	
20	基础英语 4	6	√		综合英语(四)+英语写作(二)	6	√	
21	计算机应用基础 *	4	√		计算机应用基础 A	2	√	
22	大学语文	2	√		汉语应用文写作	2	√	

备注:计算机应用基础 A 在 2015 版和 2020 版方案中分别是 4 学分与 2 学分,重修或换修的学生除了修读 2020 版人才培养方案中的 2 学分外,还须另外再修读 2 学分的同类课程,达到 4 学分;该类课程可以从通识教育限选课中的相关课程中(云计算概论、大数据概论、人工智能概论、云商务概论)选修,且不能与已修课程重复。

十三、课程体系配置流程图(图 3-4)

十四、说明

1.本次培养方案的执行时间:2020 级学生

2.本次制定人才培养方案的负责人和参加人员

负责人:(人名略)

已毕业学生代表:(人名略)

高年级学生代表:

2016 级:(共 17 人,人名略)

2017 级:(共 18 人,人名略)

3.其他说明情况:无。

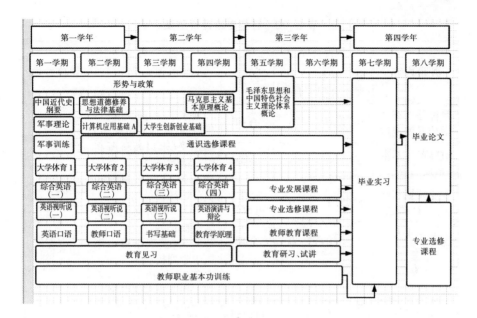

图 3-4　课程体系配置流程图

材料 4：

英语专业 2020 版人才培养目标合理性评价报告

根据《重庆文理学院人才培养目标评价实施办法(修订版、试行)》，本专业制定了《外国语学院人才培养目标定期评价及修订制度(试行)》，对培养目标合理性进行评价，并根据评价结果对培养目标进行必要修订，利益相关方参与评价修订过程。遵循 OBE 理念，本专业定期开展人才培养目标合理性评价。最近一次培养目标合理性评价于 2020 年 4 月—5 月开展，采取网络问卷、座谈、访谈、函评等形式，向行业专家代表、用人单位代表、毕业生、在校生、本专业教师及教学管理人员等了解其对 2020 版人才培养目标的合理性评价意见。

一、调研基本情况

通过函评、电话访谈的形式，收集行业专家反馈意见 9 份，结果如表3-20 所示。

表 3-20　行业专家评价结果

评价内容	是否合理			评价结果	参评人员	评价方式
	合理	基本合理	不合理			
目标是否符合学校发展定位	9	0	0	合理	刘承宇(西南大学) 周海明(盐城师范学院) 杨儒义(永川教科所高中英语教研员) 易达芳(永川教科所初中英语教研员) 邓清月(永川兴龙湖中学副校长) 黄茂伦(重庆市璧山来凤中学副校长) 皮英(永川初中英语名师工作室领衔名师) 杨代勇(永川中学教师) 周琴(永川新东方学校人力资源部经理)	【函评、访谈】通过发送信函和电话访谈9位行业专家
对师范生基本素质的要求	9	0	0	合理		
专业领域和职业特征描述	8	1	0	合理,可改进		
本专业人才定位	9	0	0	合理		
毕业生发展的预期目标	8	1	0	合理,可改进		

通过发放《重庆文理学院英语专业培养目标合理性调查问卷(用人单位版)》问卷,收集用人单位有效反馈问卷135份,结果如表3-21所示。

表 3-21　用人单位评价结果

评价内容		非常合理	比较合理	基本合理	符合度	评价方式
服务面向		71.11%	25.93%	2.96%	97.04%	【问卷调查】共向用人单位发放调查问卷150份,收回135份
职业能力特征(包括知识、能力、素质等)	职业素养	72.59%	25.19%	2.22%	97.78%	
	专业能力	69.63%	28.89%	1.48%	98.52%	
	育人能力	68.89%	30.37%	0.74%	99.26%	
	发展能力	74.81%	23.70%	1.48%	98.52%	
人才定位及发展预期目标		65.19%	33.33%	1.48%	98.52%	
培养目标合理性总体评价		71.85%	26.67%	1.48%	98.52%	

通过发放《重庆文理学院英语专业培养目标合理性调查问卷(毕业生版)》问卷,收集2016—2018届毕业生有效反馈问卷119份,同时电话访谈毕业生20人,结果如表3-22所示。

表3-22 毕业生评价结果

评价内容		非常合理	比较合理	基本合理	符合度	评价方式
服务面向		64.02%	28.57%	7.41%	92.59%	【问卷调查、访谈】向2016-2018届毕业生代表发放问卷150份,收回问卷119份。电话访谈毕业生20人
职业能力特征(包括知识、能力、素质等)	职业素养	73.02%	25.40%	1.59%	98.42%	
	专业能力	69.31%	27.51%	3.17%	96.82%	
	育人能力	68.25%	29.10%	2.65%	97.35%	
	发展能力	71.42%	25.93%	2.65%	96.83%	
人才定位及发展预期目标		65.55%	31.22%	4.23%	95.24%	
培养目标合理性总体评价		64.02%	33.33%	2.65%	96.29%	

通过发放《重庆文理学院英语专业培养目标合理性调查问卷(在校生版)》问卷,收集在校生反馈问卷401份,结果如表3-23所示。

表3-23 在校师范生评价结果

评价内容		非常合理	比较合理	基本合理	符合度	评价方式
服务面向		53.62%	40.40%	5.98%	94.02%	【问卷调查】共组织本专业在校师范生填写问卷401份,收回401份
职业能力特征(包括知识、能力、素质等)	职业素养	64.84%	32.67%	2.49%	97.51%	
	专业能力	63.84%	32.92%	3.24%	96.51%	
	育人能力	64.59%	32.67%	2.74%	97.26%	
	发展能力	65.34%	30.92%	3.74%	96.26%	
人才定位及发展预期目标		56.36%	35.91%	7.73%	91.52%	
培养目标合理性总体评价		56.11%	39.65%	4.24	95.76%	

通过发放《重庆文理学院英语专业培养目标合理性调查问卷（教师版）》问卷,收集专业任课教师及教学管理人员反馈问卷 75 份,结果如表 3-24 所示。

表 3-24　教师及教学管理人员评价结果

评价内容		非常合理	比较合理	基本合理	符合度	评价方式
服务面向		77.33%	22.67%	0	100%	【问卷调查】共组织本专业在校师范生填写问卷 401 份,收回 401 份
职业能力特征（包括知识、能力、素质等）	职业素养	90.67%	9.33%	0	100%	
	专业能力	76%	22.67%	1.33%	98.67%	
	育人能力	82.67%	16%	1.33%	98.67%	
	发展能力	78.67%	20%	1.33%	98.67%	
人才定位及发展预期目标		61.33%	37.33%	1.33%	98.67%	
培养目标合理性总体评价		74.67%	24%	1.33%	98.67%	

二、调研结果

（一）服务面向的调研结果

调研结果显示本专业培养目标的服务面向“立足重庆、面向西南”比较合理,97.04% 用人单位领导认为本服务面向比较合理或非常合理。毕业生调研结果也发现,从近三年毕业生的就业分布看,毕业生有 68.88% 在重庆就业,在西南其他省份（云南、四川、贵州、西藏）就业人数约为 14.29%。毕业生在重庆及西南地区就业比例达到 83.17%,确定服务面向定位是合理的。

（二）职业能力的调研结果

关于职业能力,用人单位领导、毕业生、在校生和学院教师均认为合理性较高,比较合理或非常合理均达到 94% 以上。其中目标 1 合理性最高,目标 3 和目标 4 合理性也比较高,目标 2 有进一步改善空间,可以更加具体可操作。根据毕业生调研数据,2016 届至 2018 届毕业生成为英语骨干教师的比例为 47.90%,其中 2018 届学生（毕业 4 年）成为骨干教师的比例为 34.88%,2017 届学生（毕业 5 年）成为骨干教师的比例为 51.22%,2016 届学生（毕业 6 年）成为骨干教师的比例为 71.43%。

大部分毕业生获得过"优秀班主任""四有"好老师、"优秀教育工作者""课改标兵"等荣誉称号,表明毕业生职业能力较好,能够较好达到人才培养目标的职业能力要求。

(三)人才定位的调研结果

调研结果显示本专业培养目标定位"能在中学及其相关教育机构从事英语教学、管理、教研工作,毕业5年左右预期成为基层中学英语教学骨干和教育管理后备人才",用人单位领导、毕业生、在校生和学院教师均认为合理性较高,比较合理或非常合理均达到91%以上。其中,在校生比较担心毕业5年后能否成为骨干教师,而毕业生和用人单位则较有信心能够达成。这说明本专业人才定位准确、合理,毕业五年的学生能够很好达到人才培养目标的人才定位。

根据调研结果,2020版人才培养目标总体较科学合理,对培养目标设置的合理性认可度较高,对职业素养目标的认同度超过97%,对专业能力目标的认同度超过96%,对育人能力目标的认同度超过97%,对发展能力目标的认同度超过96%,培养目标的合理性总体评价超过95%。但对人才培养的服务面向、专业人才定位及毕业5年左右的预期目标方面有待改进。根据意见和建议,外国语学院人才培养方案修订小组再一次对培养目标进行了修订,最终形成了《2020版英语专业人才培养方案》。

三、培养目标合理性评价结果对培养目标进行修订情况

2020版人才培养目标的制定以师范类专业认证、国家和地区需求,学校有关制度为政策依据,以利益相关方的反馈为重要参考,按既定评价程序进行。依据培养目标合理性评价结果,多次召开研讨会,对培养目标进行了修订。

修订内容主要包括三个方面:一是对原有较为简单的整体性描述培养目标进行了丰富和细化,共分为目标定位、目标内涵两个层次,有利于分层次、系统地对培养目标进行完整的建构和把握;二是在培养目标定位中,强调了"政治素质过硬""热爱基础教育事业",明确了培养学生高度的职业认同感、社会责任感和师德素养,落实立德树人根本任务,并且结合本校和本专业实际确立"立足重庆,面向西南"的定位,使得目标定位更加清晰,既积极响应党和国家战略部署,又发挥自身优势,体现特色;三是对培养目标内涵进行了分类阐述,从职业素养、教学能力、育人能力、发展能力等层面,对学生毕业5年后应当具备的能力、

素质和特质进行了具体的表述和规定,使得培养目标内涵更为具体,便于把握和评价。根据合理性评价结果对培养目标修改的具体内容见表3-25所示。

表 3-25 培养目标合理性评价结果在修订过程中发挥的作用

序号	2015 版培养目标	2020 版培养目标	合理性评价结果
1	无相关描述	增加了服务面向定位的具体描述:立足重庆,面向西南	根据毕业生就业的地区贡献度统计数据,进一步明确体现学校和本专业人才培养的服务方向定位(由往届毕业生与用人单位提出)
2	培养适应社会经济发展和基础教育发展改革需要,德、智、体、美全面发展	培养政治素质过硬,热爱基础教育事业,具有人文底蕴和科学精神	强化师德修养、教育情怀的首要地位
3	掌握英语语言与文化基本知识和英语教育教学基本理论,具备扎实的英语语言和英语教师技能	具备扎实的英语学科专业基础,较强的以素养为导向的课程教学能力	对接义务教育英语课程标准(2022 版)和普通高中英语课程标准(2020 版)的要求,更加体现培养学生基于英语核心素养的课程教学能力(由基础教育专家提出)
4	综合素质良好	良好的班级组织管理与班级建设能力,具有中国情怀和国际视野,善于合作沟通与创新	原培养目标能力特征中对班级管理的能力要求不够明确,调整后更加符合教育改革及用人单位对高素质人才的需求,覆盖了师范类专业认证对"一践行三学会"的要求(由往届毕业生与用人单位提出)
5	无相关描述	能够在中学和其他教育机构从事英语教学及相关教育工作的中学英语骨干教师	培养目标增加了职业领域定位与未来发展预期,毕业 5 年左右预期成为中学英语骨干教师,职业领域定位更加聚焦,符合学校办学定位,培养目标需要面向所有培养对象(由行业专家提出)

外国语学院
2020 年 6 月

二、制定了教学大纲修订实施方案

基于英语专业不断发展的需求,学院制定了《外国语学院英语专业课程内容建设实施细则》(见本节材料5),要求定期修订教学大纲、规范选择使用教材、定期开展课程分析并完善课程教学内容和课程结构,并以此为基础建立了课程内容更新、动态调整机制。

学院两年对人培方案进行微调,并调整相关课程教学大纲,制定并完善了《外国语学院英语专业教学大纲制订、修订与审核实施方案(试行)》和《外国语学院教学大纲修订实施细则》(见本节材料6、7)。教研室组织教师不定期开展有关课程建设、课程内容更新的相关讨论,结合实际教学情况研讨教学大纲和课程内容,不断更新和充实教学内容,以适应专业发展和人才培养需求。

材料5:

外国语学院英语专业课程内容建设实施细则

专业课程内容的选择决定师范生的学习内容,规范着学习者"知什么、会什么",直接影响着学生毕业要求的达成。为进一步加强课程内容建设、持续更新和完善课程内容,不断加强师范专业建设,提高人才培养质量,经学院党政联席会研究决定,特制定《英语专业课程内容建设实施细则》,具体内容如下:

一、课程内容建设要求

(1)课程内容选择应关注其专业性,注重基础性、科学性、实践性;应将社会主义核心价值观、师德教育有机融入课程教学中,培养德智体美劳全面发展的建设者和接班人。

(2)课程选用的优秀教材应吸收学科前沿知识,引入课程改革和教育研究最新成果、优秀小学教育教学案例,注重实践性和应用价值,要反映现代科学技术的最新发展成果和信息。

(3)课程内容应结合师范生学习状况及时更新、完善,适应现代教育发展的需要,适应科学技术发展的需要,适应小学教育的需要。

(4)课程内容要以学生为中心,注意多样化、个性化,满足不同学生的不同需要,促进学生的兴趣爱好、专业特长得到充分发挥,坚持因材施教、因人而异的原则。

（5）课程内容体系要符合学科专业发展和人才培养的需要，构建合理的知识结构。

二、课程内容建设举措

（1）定期修订教学大纲。根据学校和学院的总体要求，在专家论证、实地调研、认真研究的基础上，持续开展人才培养方案和课程大纲的修订。科学规划毕业要求，使教学大纲中的课程目标、教学内容、考核方法等要素为毕业要求8项能力提供清晰的支撑。在教学过程中，要求严格依据教学大纲进行课程实施，确保教学执行的严谨性、规范性，使教学实施能够按照专业毕业要求来达成课程目标。同时，坚持教学大纲的自评、论证、答辩及审核制度，保证师范生毕业要求的达成。

（2）规范选择使用教材。依据师范专业的毕业要求，设置合理的课程目标，严格按照课程目标，优先选用优质教材，为选择专业性强、质量高的教材，建立教材选用制度、教材审核制度以及教材管理制度三种制度，坚持三级管理、相互监督、促进优化原则，即首先由教师（课程组）内部讨论选用、自主审定，其次报送教研室主任进行审核，最后由主管教学副院长进行审定，以此来确保教材选用的专业性、优质性、思想性。

（3）持续建设课程资源。积极开发师范专业实践课程、情景性课程，录制系列中学教师情景性课程资源。收集一线中学教育管理、学科教学的各类案例，动态更新中学教育专业教学资源库。建立中学微课资源库，在教学中引入基础教育最新教学成果、中学英语教学法课程，结合中学教育最新发展动态，并积极应用最新成果。

（4）定期开展课程分析。学院每学期开展一次课程内容分析，对课程支撑毕业要求情况，围绕课程内容的思想性、课程内容的专业性、课程教材选用的优质性、课程内容的前沿性、课程内容的实践性、课程内容的动态性进行分析研究，持续不断加强课程内容建设。

（5）完善课程教学内容和课程结构。课程的教学内容要先进，要及时反映学科领域的最新成果，因此需要不断更新教学内容。同时，要广泛吸收先进的教学经验，积极整合优秀教改成果，体现当前社会发展对人才培养提出的新要求，突出课程特色。根据实际需求，要及时开设有特色的新课程，调整课程体系。

三、建设保障

（1）组织保障。学院加强课程内容建设的组织领导。党政联席会定期研究学科(专业)建设、人才培养、课程建设等重要事项。教学委员会研究审定专业人才培养方案、教学大纲和教材,并负责监督课程计划的执行情况。系落实、指导、督促各项教学、科研以及课程建设等工作。

(2)经费保障。学院积极筹措经费,在优质课程内容优化、教材选用、案例资源库建设等方面给予有力保障。通过重点学科建设专项经费支持教育教学改革。

外国语学院

2020 年 4 月

材料 6：

外国语学院英语专业教学大纲制定、修订与审核实施方案(试行)

为进一步规范我院本科教学过程,确保课程及课程体系对毕业要求达成的支撑、课程内容与课程目标的一致性、课程目标与考核方式的相适性,稳步提升课程教学质量,根据《重庆文理学院课程大纲管理办法(修订)》,特制订英语专业课程教学大纲制定、修订与审核实施方案。

一、工作小组

学院成立专门的工作小组,全面负责教学大纲制定、修订与审核工作。

组长：教学副院长

成员：学院教学委员会成员、系(教研室)主任、课程负责人、相关任课教师、教学秘书

职责：统筹教学大纲制订、修订与审核工作,组织教学大纲的制订、修订与审核工作,督查改进情况。

二、教学大纲制定、修订与审核原则

(1)符合师范专业认证的基本理念。课程教学大纲的制定、修订要坚持学生中心、产出导向、持续改进,着眼于对毕业要求的支撑、以完善学生应具备的知识结构和能力结构为导向,依据课程在毕业要求中规定的能力要求,基于教师教育行业发展新动向,明确课程目标、设计教学内容及各教学环节安排等。

(2)凸显教师职业基本功的训练。课程教学大纲的制定、修订要根据本专业人才培养目标,坚持实践能力培养为主导,围绕教师职业基本功的养成与训练,注重课程实践性教学内容的设计,在夯实基础的前提

下，强调学生教师职业基本能力的训练。

（3）加强课程体系建设。课程教学大纲的制定、修订既要注重学生专业知识和教师教育相关能力的培养，同时还应高度重视学生基本素养的培养，注意相关课程在教学内容、能力培养等方面的有机联系和分工，以避免重复或遗漏。在不同模块课程之间、先修课程与后续课程之间，注重知识、能力的分层次、逐步深化和横向拓展。

三、教学大纲制定、修订与审核实施过程

（1）明确课程定位。培养方案、毕业要求及课程体系发生较大变化时，由学院组织召开专门的人才培养方案学习交流活动，详细解读专业最新的人才培养目标、毕业要求和课程体系，使教师清楚课程在整个课程体系中的定位及对毕业要求支撑的具体情况。

（2）确定课程目标。依据毕业要求指标点确定课程目标，建立课程目标与毕业要求的联系。课程目标的拟定包括课程总目标以及 3 ~ 6 个课程分目标，分目标的拟定可考虑结合课程思政、中学英语教学有针对性地设置。系列课程的课程分目标要考虑学生能力层次的递进。

（3）设计课程内容。依据课程目标设计课程内容，确定合适的教学方法。课程内容的选择要充分结合各课程分目标对学生应具备的知识结构和能力结构的要求，注重实践性教学内容的设计，考虑知识、能力的分层次、逐步深化和横向拓展。

（4）选取考核方式。依据课程目标和课程内容，选取能够实现课程目标的考核方式。课程考核方式的选取要以课程目标的实现为中心，结合课程内容全方位、多样化考查学生各方面的能力。

（5）制订（修订）教学大纲。依据学院下发的教学大纲模板，整理、完善教学大纲各模块内容，统一调整格式，具体要求参照附件1。

（6）审核教学大纲。由教学副院长负责组织学院教学委员会成员、系（教研室）主任、相关课程负责人对大纲进行审核。审核内容主要包括课程目标对毕业要求指标点的支撑关系是否明确，课程内容、教学方法是否支撑课程目标实现，考核方式是否证明课程目标的达成等。审核结果向相关课程组成员、课程大纲执笔人公开，作为进一步修订的参考。

四、其他说明

（1）经审核后定稿的教学大纲，必须严格执行。教师在教学中应严格按照大纲要求组织教学活动、开展课程考核。

（2）在教学大纲执行过程中，可根据教育教学改革趋势和学科专业的发展变化需要,对大纲进行适当调整。原则上由课程负责人提出申请,经系(教研室)论证,学院教学副院长审核签字后执行。

外国语学院
2020 年 4 月

材料7:

外国语学院教学大纲修订实施细则

为进一步规范我院本科教学过程,确保课程内容与课程目标的一致性、课程内容与教学手段的相适性,稳步提升课程教学质量,根据《重庆文理学院课程大纲管理办法(修订)》,特制订《外国语学院教学大纲修订实施细则》。

一、修订工作小组

学院成立教学大纲工作领导小组,全面负责教学大纲修订和审核工作。

组长:教学副院长

成员:系(教研室)主任、课程负责人、任课教师、教学秘书

二、修订要求

(1)同步性。课程大纲原则上与培养方案同步修订,并以教育部各专业教学委员会提出的课程教学基本要求为指导,以专业培养方案为基本依据。

(2)导向性。课程大纲的制修订应将知识传授、能力培养与理想信念、价值理念、道德观念教育有机结合,强化课程育人导向,注重学生人格塑造,体现理想信念、价值理念和道德观念教育。

(3)产出性。建立产出导向的课程大纲,使课程目标既能对接毕业要求又能体现课程特色,课程内容和教学方法能够支撑课程目标的达成,课程考核与成绩评定方式能够证明课程目标的达成。

(4)科学性。课程组在修订课程大纲前,要加强研究、充分研讨,使课程大纲既符合教学规律,又反映学科最新科技成果,增强课程大纲的科学性。

(5)规范性。课程大纲要求文字清楚、意义明确、名词术语和格式规范、定义正确。

三、修订的主要思路

（1）本次教学大纲修订需全面覆盖2020版人才培养方案进程表中的所有课程，包括所有理论和实践教学环节。

（2）重点修订上学期、本学期和下学期开出课程的教学大纲。其中，上学期开出课程的修订应以试卷作为修订的参照起点，按照试卷中涉及的知识技能考点修订教学大纲各章节的教学目标表述。如名词解释、填空、判定、问答等题型所属章节可表述为理解、知晓、基本掌握等，赋分较高的应用性题型应表述为能够应用什么知识解决什么问题，形成什么能力等。在修订课程目标时，也应该根据试卷赋分较高的大题所考查的知识能力来表述课程目标和任务，同时还需要与人才培养目标及课程所对应的职业岗位的能力目标进行平衡。

本学期课程教学大纲的修订，应以"专业应用型人才培养目标—课程对应岗位能力目标—课程能力目标"为逻辑思路进行课程内容选择、增删与重构，即以能力为导向选择和构建课程内容体系，通过课程内容体系的选择重构来达成课程目标任务，进而支撑岗位能力目标，最终实现人才培养目标。注意各章节教学目标的分层表述，了解、知晓、理解、基本掌握、熟练掌握、熟练运用、形成某种能力等。期末命题则必须严格按照此表述进行题型设计和分值分配。

下学期开出的课程教学大纲修订思路与本学期开出课程相同。

（3）所有大纲均使用模板，且均须增加"课程目标对毕业要求的支撑关系"部分，以保证汇编成册时大纲格式要求的一致性。

四、修订的主要内容

（1）课程名称、课程代码、课程类别等信息的修订。教学大纲中的相关内容应和修订后的专业人才培养方案保持一致。

（2）课程目标修订。教学大纲修订前先明确专业毕业要求，明确培养方案中毕业要求分解的具体指标点，找寻本课程在培养方案中的地位。科学确定课程目标，依据毕业要求指标点确定课程目标，建立课程目标与毕业要求的联系。课程目标表述应注意与应用型人才培养目标和毕业要求形成逻辑支撑，课程目标分为总目标和分目标，表述务求层次清晰、用语简洁准确。课程总体目标和分目标的表述中应充分体现学生作为学习者的主体地位，以学生为主语进行表述，即变"通过本课程、本章节教学，使学生掌握……"之类的表述为"通过本课程、本章节的学习，学生可掌握……能掌握……对……有基本了解、能够熟练运用……"

类似表述。

（3）学时学分修订。课程学时学分应和修订后的人才培养方案相关要求保持一致，注意按照各章节的教学目标科学分配教学学时，体现不同知识能力层次的不同学时分配。

（4）教学内容和教学方法修订。依据课程目标设计课程内容，注意内容的增删整合，突出内容选择的必要性、有效性。确定合适的教学方法。

（5）考核方式和成绩评定的修订。依据课程目标和课程内容，选取能够实现课程目标的考核方式和成绩评定方法。注意将课外作业、课程小论文、课程项目实训等过程性考核项目明确表述出来，体现过程性评价。技术技能性课程应着重采用适当方式对学生技术技能的考查。理论性、概论性课程应注重学生知识、理论运用能力的考查。

（6）参考教材和建议书目。参考教材优先选用近三年的、规划的、获奖的教材；参考书目一定要注意选用的标准，选用时要参考出版社、作者等要素，注意选用的经典性。

五、时间安排

（1）2020年5月—2020年8月，教师修订大纲。

（2）2020年9月—2020年10月，教研室审核大纲，教师再次修订大纲。

（3）2020年11月，汇编装订大纲。

外国语学院
2020年4月

附件1

代表性核心课程教学大纲

重庆文理学院2020版本科专业人才培养方案
《英语课程与教学论(一)》课程教学大纲

一、课程基本信息（表3-26）

表3-26　课程基本信息

课程名称	英语课程与教学论(一)	课程代码	6031148		修读性质	必修
		学时	总学时	理论	实践	学分	2
			32	32	0		
开课单位	外国语学院	课程负责人			课程团队	

93

续表

课程名称	英语课程与教学论(一)	课程代码		6031148	修读性质	必修
		学时	总学时	理论	实践	学分	2
			32	32	0		
课程考核形式	分散	课程性质		教师教育课程		
适用专业	英语专业	先修课程		综合英语、英语口语、英语视听说、教育心理学		

二、课程目标

(一)课程目标

《英语课程与教学论(一)》是英语专业教师教育课程中的必修课,是一门理论性和实践性相结合的课程。本课程在第4学期修读,修读前学生应对教育学基础理论知识有初步的了解,具备一定的英语语音、词汇和语法知识,具有较强的听、说、读、写等英语语言运用能力。《综合英语》(第1、2、3学期)、《英语口语》(第1学期)、《英语视听说》(第1、2、3学期)和《教育心理学》(第3学期)等是其先修课程,对本课程的教学质量具有奠基性作用。本课程对后续的教师教育必修课《英语课程与教学论2》(第5学期)有直接的支撑作用,能为学生的学习和教学实践打下较坚实的理论基础。

课程总目标:本课程旨在通过英语教学理论的学习和相关实践活动,从理论和实践上培养学生从事英语教学的素养和技能。课程在帮助学生深入了解影响语言学习和教学因素的基础上,强化英语教学相关理论的学习,理解语言教学的原则、规律,掌握英语语言教学的基本方法和技能,批判地对待各种教学法理论和模式,科学合理地选用针对教学目标和教学内容、适合教学对象的教学方法和手段,为未来从事中学英语教学打下扎实的基础。除了培养学生的英语教学素养和技能外,还锻炼学生的探究能力、分析能力、沟通能力、合作学习、逻辑思维、课堂教学语言组织和表达等多种综合能力。通过本课程的优质教学课堂录像观摩活动,学生以优秀教师为榜样,树立不断提高自身教学能力、成为优秀教师的远大目标,培养教育理想和教育情怀;同时开阔视野,在观摩学习中反思自己英语语言基本功和英语教学知识和实践的不足,并从本课程的学习中了解相关方法并用于进一步提升其语言能力和教学能力。

本课程的教学分目标如下。

课程目标1:通过课程的学习,学生明确教师在学生学习和成长过程中的作用,树立成为人民教师的远大目标,培养教育理想和教育情怀;通过优秀教学案例的观摩和学习活动,对优秀英语教师的基本素质有较好的认识,能够以优秀教师为榜样,从教意愿得到增强;通过对英语课程标准的初步了解,能够认识英语学科的育人价值,育人意识得到培养,能够在教学设计中融入育人目标。[毕业要求2教育情怀;毕业要求6综合育人]

课程目标2:通过系统学习,学生对语言观和语言学习观有一定的了解,明确英语学科特点,掌握交际教学法、任务型教学法和PPP等教学模式和方法;理解英语核心素养的内涵,掌握教学设计的基本方法,能够根据教学材料和授课对象来进行教学设计并编写教案;掌握课堂管理的相关知识和技能,并能灵活运用;掌握英语语法和词汇教学的特点、讲授方式和学生练习活动的设计方法,能够进行语法和词汇等课型的教学设计;开展英语活动设计和教学的能力得到发展。[毕业要求3学科素养;毕业要求4教学能力]

课程目标3:通过教学设计和小组合作展示活动,学生的团队意识得到加强,探究能力、分析能力、沟通合作能力、课堂教学语言组织和表达等多种综合能力得到发展和提高。[毕业要求8沟通合作]

课程目标4:在教学案例的学习、分析与评价过程中,掌握批判性思维方法和反思技能,对教学案例进行批判性评价和学习,对自己的专业学习和教学活动进行反思,培养创新意识,对教学实际问题进行分析和寻求解决方法。[毕业要求7学会反思]

(二)课程目标对毕业要求的支撑关系(表3-27)

表3-27 课程目标对毕业要求的支撑关系

课程目标	支撑的毕业要求	支撑的毕业要求指标点
课程目标1	[毕业要求2教育情怀(M)] [毕业要求6综合育人(H)]	2.1【职业认同】通过课程学习和教育教学实践活动,能够树立正确的教育观和教师观,认同中学英语教师工作的意义,具有强烈的从教意愿,做学生学习的促进者; 6.1【理念育人】了解中学生身心发展和养成教育规律,理解英语学科的育人价值,熟悉中学英语课堂教学中常见的育人方法,能够将育人目标融入英语学科教学

续表

课程目标	支撑的毕业要求	支撑的毕业要求指标点
课程目标2	[毕业要求3 学科素养（M）] [毕业要求4 教学能力（H）]	3.1【学科基础】系统掌握英语学科的基本知识和英语语言基本技能，能够理解英语学科核心素养的内涵，初步掌握基于核心素养的学习方法与学习策略； 4.2【教学知识】能够根据外语教育教学理论和中学英语学科课程标准以及中学生认知发展和认知特点，初步形成中学英语学科教学知识（PCK）； 4.3【教学技能】能够基于中学英语课程标准，对教材进行分析，能够正确把握学情，基于多元评价理念，借助信息技术，独立进行教学设计、实施和评价，引导学生独立思考和主动探究
课程目标3	[毕业要求8 沟通合作（H）]	8.1【团队意识】了解学习共同体的价值和对专业发展的价值，形成主动积极参与团队协作活动的意识； 8.3【沟通能力】善于倾听利益相关方的意见与建议。在各类专业学习、实践和毕业实习中，积极与同伴、教师、家长等方面进行沟通，具备较好的沟通能力
课程目标4	[毕业要求7 学会反思（M）]	7.3【反思能力】初步掌握批判性思维方法和反思技能，具有一定的创新意识，能对自己的专业学习和教育教学活动进行反思，能就中学英语教学中的相关问题进行初步分析和研究

三、课程教学内容与学时分配

本课程共32学时，属于理论教学，无实践教学学时分配。具体内容、学时及要求见表3-28。

表3-28　课程教学内容与学时分配

序号	教学内容	主要知识点	教学重点和难点	建议学时	教学方式	对应课程目标
第一单元	语言和语言学习	语言观；语言学习观；优秀英语教师的基本素质和专业技能发展路径	教学重点：关于语言学习的各类观点及相关的教学方法；英语教师技能发展图 教学难点：行为主义学习理论、认知学习理论和建构主义学习理论的区别	6	讲授讨论	目标1.2

续表

序号	教学内容	主要知识点	教学重点和难点	建议学时	教学方式	对应课程目标
第二单元	交际原则与任务型英语教学	交际能力的定义和组成部分； 交际语言教学的原则及特点； 任务的设计及任务型语言教学的应用； 优质课观摩与讨论	教学重点：交际活动的特点；交际语言教学的原则；PPP和任务型教学的区别 教学难点：交际语言教学的原则；任务型教学中任务的特点和设计步骤	8	讲授讨论观摩实操	目标2.3
第三单元	教学设计	教学设计的五个原则； 教学设计的构成因素； 教学设计的内容； 优秀教学设计学习； 教学设计现存问题(以学生设计为例)； 教学设计修改建议	教学重点：利用教学设计的原则评判教学设计；依据课程特点和学生需求进行教案设计 教学难点：教学目标的设定与表达；教案的设计与评价	6	讲授讨论实操	目标1.2.3
第四单元	课堂管理	教师的不同角色； 教师课堂用语的特点； 如何为学生分组； 课堂的组织管理； 教师的提问技巧； 如何对待学生语言中的错误	教学重点：教师的角色定位；课堂用语的特点 教学难点：分组的方法；课堂的组织与管理	4	讲授讨论	目标2.3.4
第五单元	语法教学	语法在语言教学中的角色； 语法展示的类别； 语法练习的设计； 语法教学的方法与技巧	教学重点：演绎法、归纳法和引导发现法及优缺点；隐性知识与显性知识的差异 教学难点：如何运用语法教学方法和技巧来帮助学生解决语法问题	4	讲授讨论实操点评	目标2.3.4
第六单元	词汇教学	词汇与词汇教学 词汇的内涵与外延、词汇的分类； 词汇教学和巩固的方法与技巧； 发展词汇学习策略	教学重点：词汇的外延意义、内涵意义及词汇间的语义关系；讲授词汇的方法 教学难点：如何发展词汇学习策略	4	讲授讨论实操点评	目标2.3.4

续表

序号	教学内容	主要知识点	教学重点和难点	建议学时	教学方式	对应课程目标
总学时				32		

四、课程教学方式与策略

本课程的教学方式主要为利用多媒体手段,采用课后探究、反思、课堂讨论实践等多种形式结合,多采用活动教学、探究教学、案例教学、现场教学等教学方式,教学语言可采用英汉双语教学。

在课堂教学中主要运用任务型教学策略,通过贴近中学英语教学现状及教材内容的多样化任务的设计,提高学生理论联系实际进行教学设计的能力,让学生在小组探究合作完成任务的过程中理解和深化英语教学理念,掌握课堂教学方法、技巧,提高实践教学能力。

五、课程考核评价方式与要求

(一)考核方式与课程目标的达成情况(表 3-29)

表 3-29 考核方式与课程目标的达成情况

课程目标	考核内容	评价依据/学习任务	对应毕业要求
课程目标1:通过课程的学习,学生明确教师在学生学习和成长过程中的作用,树立成为人民教师的远大目标,培养教育理想和教育情怀;通过优秀教学案例的观摩和学习活动,对优秀英语教师的基本素质有较好的认识,能够以优秀教师为榜样,从教意愿得到增强;通过对英语课程标准的初步了解,能够认识英语学科的育人价值,育人意识得到培养,能够在教学设计中融入育人目标	1. 教育理想和目标; 2. 对中学英语教育教学工作意义的认同度; 3. 对优秀英语教师基本素质的认识; 4. 对英语学科育人价值的理解	1. 课堂表现 2. 评价反思	毕业要求2 教育情怀 毕业要求6 综合育人

续表

课程目标2：通过系统学习，学生对语言观和语言学习观有一定的了解，明确英语学科特点，掌握交际教学法、任务型教学法和PPP等教学模式和方法；理解英语核心素养的内涵，掌握教学设计的基本方法，能够根据教学材料和授课对象来进行教学设计并编写教案；掌握课堂管理的相关知识和技能，并能灵活运用；掌握英语语法和词汇教学的特点、讲授方式和学生练习活动的设计方法，能够进行语法和词汇等课型的教学设计；开展英语活动设计和教学的能力得到发展	1. 英语学科知识和教学理论的掌握； 2. 英语教学基本技能的应用； 3. 教学设计和课堂管理能力	1. 课堂表现 2. 课后作业 3. 团队合作 4. 期末考核	毕业要求3学科素养 毕业要求4教学能力
课程目标3：通过教学设计和小组合作展示活动，学生的团队意识得到加强，探究能力、分析能力、沟通合作能力、课堂教学语言组织和表达等多种综合能力得到发展和提高	1. 语言分析、逻辑表达、课堂教学语言组织和表达能力； 2. 团队意识、沟通与合作能力	1. 课堂表现 2. 团队合作 3. 期末考核	毕业要求8沟通合作
课程目标4：在教学案例的学习、分析与评价过程中，掌握批判性思维方法和反思技能，对教学案例进行批判性评价和学习，对自己的专业学习和教学活动进行反思，培养创新意识，对教学实际问题进行分析和寻求解决方法	1. 在案例学习中反思自身的英语语言技能； 2. 在分析评价中反思自身的教育教学实践； 3. 创新意识和探究精神	1. 课后作业 2. 评价反思 3. 期末考核	毕业要求7学会反思

（二）考核方式及具体要求

1. 考核方式

本课程采用形成性评价和终结性评价相结合的考核形式，平时成绩主要采用形成性评价，可选用课堂表现、课堂活动、报告展示、团队合作等多种方式；期末考核主要采用终结性评价，选用课程论文、教学方案设计、说课演讲、现场答辩、微型课堂教学展示等方式，体现考核方式的多样性。

2. 总成绩评定

总成绩 = 平时成绩 ×40% + 期末成绩 ×60%

3. 平时成绩评定

（1）课堂表现（10%）：主要考查学生对内容的理解程度、课堂上的积极性和参与度。

（2）课后作业（10%）：主要考查学生对教学知识的巩固和运用。

（3）团队合作（10%）：团队合作进行教学活动设计、对教学案例进行分析和评价。

（4）评价反思（10%）：主要考查学生对知识的综合运用能力、分析能力和反思能力。

4. 期末考试成绩评定

本课程期末考核采用课程论文、教学方案设计、说课演讲、现场答辩、微型课堂教学展示等形式，由主讲教师自由命题，考核成绩占课程总成绩的60%。

（三）评分标准（表3-30、表3-31）

表3-30　课程目标达成评分标准

课程目标	100～90	89～80	79～70	69～60	59～0
	优秀	良好	中等	及格	不及格
课程目标1	有清晰的教育理想和目标；对中学英语教育教学工作意义的认同度高；对优秀英语教师的基本素质有很好的认识；对英语学科的育人价值有较好的认识，能够在教学设计中融入育人目标	有清晰的教育理想和目标；对中学英语教育教学工作意义的认同度较高；对优秀英语教师的基本素质有较好的认识；对英语学科的育人价值有较好的认识，能够在教学设计中融入育人目标	有较为清晰的教育理想和目标；比较认同中学英语教育教学的工作意义；对优秀英语教师的基本素质有一定的认识；对英语学科的育人价值有一定的认识，能够尝试在教学设计中融入育人目标	有一定的教育理想和目标，但不太清晰；对中学英语教育教学的工作意义有一定的认同；对优秀英语教师的基本素质认识不够；对英语学科的育人价值认识不足，不能主动在教学设计中融入育人目标	没有明确的教育理想和目标；对中学英语教育教学工作意义的认同度低；对优秀英语教师基本素质缺乏认识；不理解英语学科的育人价值

续表

课程目标	100～90	89～80	79～70	69～60	59～0
	优秀	良好	中等	及格	不及格
课程目标2	对语言观和语言学习观有充分的了解,对交际教学法、任务型教学法和PPP等教学模式和方法的掌握较好;能够根据教学材料和授课对象来进行教学设计并编写教案;对课堂管理的相关知识和技能掌握较好,并能灵活运用;掌握英语语法和词汇教学方法,能够进行语法和词汇等课型的教学设计;开展英语活动设计和教学的能力得到充分发展	对语言观和语言学习观有较多的了解,对交际教学法、任务型教学法和PPP等教学模式和方法的掌握较好;能够根据教学材料和授课对象来进行教学设计并编写教案;对课堂管理的相关知识和技能有一定地掌握,并能较灵活地运用;基本掌握英语语法和词汇教学方法,能够进行语法和词汇等课型的教学设计;开展英语活动设计和教学的能力得到较好的发展	对语言观和语言学习观有一定的了解,对交际教学法、任务型教学法和PPP等教学模式和方法能够基本掌握;能够在老师的指导下进行教学设计并编写教案;对课堂管理的相关知识和技能有一定的了解,能进行简单运用;基本掌握英语语法和词汇教学方法,能够在老师的指导下进行语法和词汇等课型的教学设计;开展英语活动设计和教学的能力得到一定程度的发展	对语言观和语言学习观有初步的了解,对交际教学法、任务型教学法和PPP等教学模式和方法有一定的理解,但掌握得还不够;基本能够在老师的指导和同学的帮助下进行教学设计并编写教案;对课堂管理的相关知识和技能有初步的了解,但不能灵活运用;基本掌握英语语法和词汇教学方法,但进行相应课型的教学设计还有一些困难;开展英语活动设计和教学的能力得到发展,但程度不高	对语言观和语言学习观的了解不够,能够理解交际教学法、任务型教学法和PPP等教学模式和方法,但不能掌握;在老师的指导下和同学的帮助下进行教学设计还存在困难,不能编写教案;对课堂管理的相关知识和技能有初步的了解,但不能灵活运用;对英语语法和词汇教学方法没有掌握,不能进行相应课型的教学设计;开展英语活动设计和教学的能力没有得到发展或发展有限

续表

课程目标	100 ~ 90	89 ~ 80	79 ~ 70	69 ~ 60	59 ~ 0
	优秀	良好	中等	及格	不及格
课程目标3	语言分析和逻辑表达能力强；课堂教学语言组织和表达能力强；有很好的团队意识，沟通与合作能力强	语言分析和逻辑表达能力较强；课堂教学语言组织和表达能力较强；有较好的团队意识，沟通与合作能力较强	语言分析和逻辑表达能力一般；课堂教学语言组织和表达能力一般；有一定的团队意识，沟通与合作能力一般	语言分析和逻辑表达能力有待提高；课堂教学语言组织和表达能力有待提高；团队意识不明显，沟通与合作能力有待提高	语言分析和逻辑表达能力差；课堂教学语言组织和表达能力差；没有团队意识，沟通与合作能力差
课程目标4	能自觉在学习中反思自身的英语语言技能和教育教学实践情况；能清晰地分析与总结出可有效提高的方法并付诸行动；具有很强的创新意识和探究精神	能较为自觉地在学习中反思自身的英语语言技能和教育教学理论实践情况；能较为清晰地分析与总结出可有效提高的方法并付诸行动；具有较强的创新意识和探究精神	能在教师的提示下反思自身的英语语言技能和教育教学实践情况；能在教师的引导下分析与总结出提高的方法并付诸行动；具有一定的创新意识和探究精神	能在教师的提示下反思自身的英语语言技能和教育教学实践情况；能在教师的引导下分析与总结出提高的方法，但不能付诸行动；创新意识和探究精神较差	学习中的反思意识差；不能有效地分析与总结出提高的方法，不付诸行动；创新意识和探究精神差

表 3-31　过程性考核评分标准

评价方式	100 ~ 90	89 ~ 80	79 ~ 70	69 ~ 60	59 ~ 0
	优秀	良好	中等	及格	不及格
课堂表现	积极参与课堂讨论和回答问题，知识和观点正确，思路表达清晰，分析有深度、有新意	参与课堂讨论和回答问题较积极，知识和观点基本正确，思路表达清晰，分析有一定的深度	参与课堂讨论和回答问题积极性一般，知识和观点有少许错误，思路表达较清晰，内容较为完整	参与课堂讨论和回答问题不太积极，知识和观点错误较多，思路表达不够清晰	很少参与课堂讨论和回答问题，知识和观点错误较多，思路表达较混乱

续表

评价方式	100～90	89～80	79～70	69～60	59～0
	优秀	良好	中等	及格	不及格
课后作业	符合要求、知识性内容准确无误	符合要求、知识性内容基本正确	符合要求、知识性内容有少量错误	基本符合要求、知识性内容有一些错误	不太符合要求、知识性内容错误较多
团队合作	积极参与团队合作学习、讨论、设计、呈现和评课,组内分工明确,互帮互助,任务分配合理,团队任务达成度高	积极参与团队合作学习、讨论、设计、呈现和评课,组内分工较明确,互帮互助,任务分配较合理,团队任务达成度较高	参与团队合作学习、讨论、设计、呈现和评课比较积极,组内分工较明确,基本能够互帮互助,任务分配有一定合理性,团队任务达成度尚可	参与团队合作学习、讨论、设计、呈现和评课的积极性一般,组内分工基本明确,任务分配基本合理,基本能完成团队任务	参与团队合作学习、讨论、设计、呈现和评课不够积极,组内分工不够明确,任务分配不太合理,团队任务达成度较低
评价反思	按要求对所观摩课堂进行评价和反思,评价多维,内容全面,反思深刻,逻辑清晰,表达准确,有创造性	按要求对所观摩课堂进行评价和反思,评价多维,内容较全面,反思较深刻,逻辑清晰,表达较准确	按要求对所观摩课堂进行评价和反思,评价内容较全面,反思较深刻,逻辑较清晰,表达有少量错误	对所观摩课堂的评价和反思基本符合要求,评价有内容、有反思,有一定逻辑,表述错误较多	对所观摩课堂的评价和反思不够符合要求,评价内容不够丰富、基本无反思,缺乏逻辑性
期末考核	详情参见具体考核评分细则	详情参见具体考核评分细则	详情参见具体考核评分细则	详情参见具体考核评分细则	详情参见具体考核评分细则

三、建立了课程体系合理性评价机制并运行

学校高度重视课程制度建设,先后出台了《重庆文理学院一流课程和课堂建设行动计划》《重庆文理学院课程体系合理性评价及课程目标达成度评价实施办法(修订版、试行)》等相关制度文件;外国语学院依据《本科专业类教学质量国家标准》《中学教育专业认证标准(第二级)》和学校相关制度文件,制定了《外国语学院英语专业课程体系合理性评

价方案（试行）》（见本节材料 8），形成了合理的课程评价机制。关于评价依据、责任机构、评价主体、内容、方法、过程、周期及结果使用等具体内容见表 3-32。

表 3-32　英语专业课程体系合理性评价机制

评价依据	英语专业课程体系合理性评价以课程与毕业要求指标点支撑矩阵和国家关于师范生应具备的学习效果及关键能力的相关政策文件、校院两级的制度与实施方案为依据
责任人及主要职责	课程体系合理性评价工作小组负责审定课程体系合理性评价,组织开展评价工作,审核评价报告,追踪督查持续改进情况
评价主体	课程体系合理性评价的主体包括毕业生、在校学生、任课教师(含通识教育课程和教师教育课程教师)、学院教学督导、校外专家、用人单位代表、学生实习单位代表等利益相关方
评价周期	课程体系合理性评价周期原则上为四年,与专业人才培养方案修订同步,也可根据需要增加评价次数
评价内容	课程体系是否符合国家质量标准、教师教育课程标准(试行)、教师专业标准(试行)、师范生教师职业能力标准(试行)和师范类专业认证标准(试行),是否落实了认证理念,课程与毕业要求指标点的关联矩阵是否做到双向全覆盖,课程体系及教学环节设计能否有效支撑毕业要求达成,能否体现专业办学特色等
评价方法	评价采取定量评价与定性评价、外部评价和内部评价相结合的方式开展,具体包括专业对照标准开展自评,对评价主体进行问卷调查、访谈、座谈等
评价过程	课程体系合理性评价工作小组开展课程体系合理性评价→分析整理统计结果→组织开展座谈研讨→形成合理性评价报告→学院教学委员会对合理性评价报告进行审核提出反馈意见和建议
结果使用	根据课程体系合理性评价反馈的问题,专业负责人统筹各项意见,组织研讨、修改完善课程体系,修订人才培养方案

最近一次的课程体系合理性评价情况：

（1）评价时间：课程体系的相关评价于 2019 年 10 月—2020 年 4 月进行。

（2）评价依据：国家关于英语师范生应具备的学习效果及关键能力的相关政策文件、校院两级的制度与实施办法、在校生座谈、毕业生访谈、校友座谈、用人单位走访、行业专家访谈等。

（3）评价方法：结合教学质量数据观测和座谈访谈等方式方法,从课程体系设置理论及实践教学环节设计是否符合国家质量标准、教师教育课程标准、教师专业标准、师范类专业认证标准等,能否体现专业办学特色,能否有效支撑毕业要求达成,课程目标与毕业要求指标点的对应关系是否合理等方面进行分析评价。

（4）评价过程：首先在对利益相关方进行多元化的调研活动的基础上,学院组织召开在校生学生代表座谈会、毕业生线上线下访谈、校友代表座谈会等,全方位收集对本专业课程体系设置的建议。其次对照相关文件,查找现有课程体系中存在的问题,以确保能够对毕业要求进行有效支撑,形成课程体系合理性评价报告并提交学院教学委员会审核。在院教委会反馈意见建议后,组织相关人员讨论、修订课程体系。

（5）评价结果：综上各方评价意见,本次的评价结果认为现有的课程体系合理,能够有力支撑本专业人才培养目标的达成。同时也收集到了一些中肯的意见与建议,具体表现在以下几个方面：缺乏课程对毕业要求指标点的支撑矩阵；选修课程的覆盖面还不够宽泛；实践教学课程形式、内容还相对单调。这些意见在之后课程体系调整中予以吸收采纳。

（6）改进措施：依据以上课程体系评价结果,本专业在 2020 版人培方案的制定中全面调整了原有的课程体系：规范了课程类型、课程名称的命名；将毕业要求各指标点与课程、课程目标逐一对应,保证每一个分指标点均有关联度高的 2 ～ 3 门课程予以支撑；加大了通识教育比例,扩充了学科专业选修课程；进一步丰富了实践教学模块。

材料 8：

外国语学院英语专业课程体系合理性评价方案(试行)

课程体系是培养方案的重要组成部分,是组织教学过程、安排教学任务的基本依据。课程体系设置必须遵循教学基本规律,符合《普通高等学校本科专业类教学质量国家标准》《中学教育专业认证标准》和《普通高等学校本科英语类专业教学指南》等文件要求,既要反映已经取得的教学改革成果,保持相对稳定,有利于课程和师资队伍的规划与建设,又要根据社会、学校和教育发展需要,适时进行调整或修订。为了全面保障和提升专业人才培养质量、科学评价课程体系、持续改进课程体系,结合学院实际,特制订英语专业课程体系合理性评价方案。

一、责任机构与职责

由教学委员会牵头成立课程体系合理性评价工作小组,组织开展关于课程体系合理性评价。

组长:院长

成员:副院长、专业负责人、教研室主任、教学督导、专业教师、学生、毕业生、用人单位、学生实习单位、家长等利益相关方。

职责:审核课程体系合理性、收集分析课程体系评价结果、督促课程体系改进措施落实到位、提出课程体系设置持续整改意见等。

二、评价对象与周期

评价对象为英语专业人才培养方案中所包含的课程体系。评价周期一般为四年,评价时间与修订专业人才培养方案的时间同步。

课程体系合理性评价的主要内容包括是否落实了认证理念,课程与毕业要求指标点的关联矩阵是否做到双向全覆盖,课程体系及教学环节设计能否有效支撑毕业要求达成。具体针对支撑性、合标性和特色性三个方面进行分析。

(一)课程支撑性

(1)课程体系设计符合学生的认知规律和教学规律,各类课程的学分比例恰当,必修课先行后续关系合理,具有系统性。

(2)课程支撑矩阵布局合理,每项毕业要求都有合适的课程支撑,没有明显的薄弱环节。

(3)重点支撑课程明确。每项毕业要求都应有重点支撑的课程,重点支撑课程应体现专业核心课程(包括重要实践环节)的作用。课程的支撑任务明确。

(4)有详细的课程支撑任务矩阵,将每门课程的支撑任务细化到指标点,任务下达与课程内容合理匹配。

(二)课程合标性

(1)课程体系包含师范专业认证标准要求的各类课程所占学分比例符合标准要求。

(2)课程体系符合《普通高等学校本科专业类教学质量国家标准》规定的专业类知识体系、专业类核心课程设置要求,多元化人才培养要求。

(3)课程体系符合《普通高等学校本科英语类专业教学指南》中课程设置的要求。

(4)课程体系设计符合学校培养总体定位和人才培养目标要求。

（三）课程特色性

（1）课程体系能体现学校办学定位。

（2）课程体系包含专业特色课程，能体现学校多元人才培养模式。

四、评价依据

（一）师范专业和英语专业标准

（1）师范类专业课程设置相关标准。

（2）《普通高等学校本科专业类教学质量国家标准》（外国语言文学类）。

（3）《普通高等学校本科英语类专业教学指南》（2020 版）。

（二）利益相关方反馈意见

（1）研讨会收集的专业教师、应届毕业生、用人单位、行业专家反馈意见。

（2）第三方对毕业生的跟踪调查反馈意见。

（三）专业质量报告

（1）近三年人才培养目标达成情况报告。

（2）近三年毕业生就业质量报告。

（3）近三年毕业要求达成评价报告。

（4）近三年课程目标达成情况报告。

五、评价方法

课程体系合理性评价采用定量评价为主、定性评价为辅的方法，以问卷调查与研讨会相结合的方式进行。评价小组依据收集反馈意见，形成课程设置合理性评价报告。

六、评价结果的使用

评价小组将合理性评价报告、评价意见反馈给学院教学委员会。教学委员会组织教师进行讨论，进一步完善课程体系设置，修订人才培养方案。

外国语学院

2021 年 10 月

四、建立了课程目标达成情况评价机制

面向产出的课程目标达成情况评价是本科人才培养过程中的重要部分，是支持本科毕业要求达成和能力培养的基础。学校制定了《重庆文理学院课程体系合理性评价及课程目标达成度评价实施办法（修订版、试行)》的文件,学院制定了《外国语学院英语专业课程目标达成情况评价方案(试行)》(见本节材料9),成立了专门的评价工作小组,负责全程指导、审核、实施课程目标达成情况的评价(表3-33)。

表3-33　英语专业课程目标达成情况评价机制

评价依据	英语专业课程目标达成情况评价以《重庆文理学院课程体系合理性评价及课程目标达成度评价实施办法(修订版、试行)》《外国语学院英语专业课程目标达成情况评价方案(试行)》为依据		
责任人及主要职责	英语专业课程目标达成情况评价小组由教学副院长、专业负责人、教学委员会委员、教研室主任领导与组织,各课程组组长、任课教师参与实施评价。主要职责包括审核教学内容、教学方式、考核内容、考核方式是否符合教学大纲的要求;确定课程考核周期,收集分析课程教学目标达成结果,针对出现的问题提出改进措施,并形成记录文档,为调整教学计划、修订培养方案提供数据依据		
评价周期	课程目标达成情况评价每学期开展一次		
评价方法	课程目标达成情况采用直接评价法和间接评价法,以课程考核成绩为主,以师生问卷调查、座谈访谈为辅,采用客观评价与主观评价相结合的方式来进行计算。课程考核成绩依据课程性质,分类评价。认知课程采用课堂表现测评、作业检测、单元测试、期中考核等过程性评价方法和期末考试等结果性评价方法。技能课程采用技能考核、案例分析、设计展示、课程论文、专题报告等表现性评价方法。毕业论文和教育实践(见习、实习、研习)采用综合性评价方法		
评价过程	课程目标达成情况评价环节	具体工作任务	责任人
	1. 完善课程教学大纲	根据培养方案中课程对毕业要求的支撑分析,将课程大纲结合教学实际情况进行调整、完善,特别注意各个课程分目标对毕业要求指标点的支撑关系	课程组长任课教师
	2. 明确评价依据	明确各课程分目标相应的评价方式(课堂表现、作业、小组讨论、报告、期末考核等),确定各评价方式对应的课程分目标的目标分值及权重	课程组长任课教师
	3. 收集评价直接数据和间接数据	收集各课程分目标评价直接数据,包括课程考试等结果性评价数据,课堂表现测评、作业、单元测试、期中考核等过程性评价数据,技能考核、案例分析、设计展示、课程论文、专题报告等表现性评价方法,毕业论文(设计)、教育实践(见习实习研习)等综合性评价数据。收集各课程分目标评价间接数据,包括通过问卷调查、自我评价、学生互评、教师评价等方式获得的支撑课程达成的相关评价数据	任课教师

续表

4. 计算课程目标达成情况评价达成值	首先计算各课程分目标达成情况的客观评价达成值。课程分目标达成情况的客观评价达成值＝评价方式1的实际平均分/评价方式1的目标分值×权重+评价方式2的实际平均分/评价方式2的目标分值×权重+评价方式N的实际平均分/评价方式N的目标分值×权重。整体课程目标达成情况客观评价达成值为各课程分目标达成情况客观评价达成值中的最低值。 其次计算各课程分目标达成情况的主观评价达成值。课程分目标达成情况的主观评价达成值取问卷参与者平均值。整体课程目标达成情况主观评价达成值为各课程分目标达成情况主观评价达成值中的最低值。 最后计算课程目标达成情况综合评价达成值。课程目标达成情况综合评价达成值＝课程目标达成情况客观评价达成值×80%+课程目标达成情况教师主观评价达成值与学生主观评价达成值之平均值×20%	任课教师
5. 分析总结	撰写课程目标达成情况评价报告,对课程目标与毕业要求的对应关系、评价方式、评分标准、评价结果进行分析,提出课程持续改进的意见与建议	任课教师
6. 审核课程目标达成情况报告	对课程目标达成情况的评价方法、评价依据、评价过程、评价结果进行审核	课程目标达成情况评价小组
7. 反馈与改进	英语专业课程目标达成情况评价小组向任课教师反馈审核结果并指出学生学习和教师教学中存在的问题,任课教师据此进行持续改进	课程目标达成情况评价小组任课教师
结果使用	在评价实践中评估、反思课程目标达成情况评价方式的科学性和有效性,形成课程目标达成情况评价改进报告,并在实践中对课程目标达成情况的评价方式进行持续改进	

  英语专业课程目标达成情况评价小组负责组织实施评价,任课教师负责完成课程计划达成情况评价报告。评价结果显示:学院课程总体课程计划达成度情况比较理想,平均达成值0.79。对目标达成情况相对较低的课程,要求任课教师对支撑该分目标要求的教学内容和教学方法进行反思,追踪低分值学生,找出问题所在,提出改进措施,增强对困难学生的辅导,对学习态度不够端正的学生多加引导。

通过达成情况评价,各课程进一步明确了课程目标、课程目标与毕业要求指标点的对应关系,课程内容及教学模式如何支撑课程目标,找出课程考核体系、评价标准存在的问题,并提出改进措施,进一步修订和完善了教学大纲,进一步细化了课程内容—课程考核—课程目标—毕业要求指标点之间的逻辑关系。

材料9:

外国语学院英语专业课程目标达成情况评价方案(试行)

课程目标达成情况评价是OBE体系中考查课程对毕业要求是否能有效支撑的重要依据。为进一步强化OBE质量意识,依据《重庆文理学院课程体系合理性评价及课程目标达成度评价实施办法(修订版、试行)》重文理教〔2021〕45号文件,英语专业将课程目标全方位落实于课程的设置、内容、教学以及考核评价中,特制订课程目标达成情况评价实施细则。

一、组织机构

学院成立在教学委员会领导下的英语专业课程目标达成情况评价工作小组,构成如下:

组长:教学副院长

成员:专业负责人、教学委员会委员、教研室主任、课程组长、任课教师

工作职责:

评价小组负责审核教学内容、教学方式、考核内容、考核方式是否符合教学大纲的要求;确定课程考核周期,收集分析课程教学目标达成结果,针对出现的问题提出改进措施,并形成记录文档,为调整教学计划、修订培养方案提供数据依据。

(1)教学委员会:指导教学大纲的修订,提出修订意见;审核课程教学内容、教学方式、考核内容、考核方式及课程评价报告,提出整改意见。

(2)课程组:研讨确定课程教学内容、教学方式、考核内容、考核方式的合理性和规范性;对教学大纲进行定期修订。

(3)任课教师:制定教学大纲;测量和记录学生学习期间的各项成绩;计算课程目标达成情况评价值和撰写课程分析报告;落实评价工作

小组提出的各项整改措施。

二、评价对象和评价周期

课程目标达成情况评价对象为英语专业人才培养方案中课程体系所包含的全部专业课程,课程目标达成情况评价每学期开展一次。

三、评价方法

课程目标达成情况采用直接评价法和间接评价法,参照教育部发布的《中学教师专业标准(试行)》《教师教育课程标准》等规定,根据教育部《普通高等学校师范类专业认证实施办法(暂行)》和《中学教育专业认证标准(第二级)》的指标要求,以课程考核成绩为主,以师生问卷调查、座谈访谈为辅,采用客观评价与主观评价相结合的方式来进行计算。课程考核成绩依据课程性质,分类评价。

(一)认知课程

认知课程采用课堂表现测评、作业检测、单元测试、期中考核等过程性评价方法和期末考试等结果性评价方法。

(二)技能课程

技能课程采用技能考核、案例分析、设计展示、课程论文、专题报告等表现性评价方法。

(三)综合实践课程

毕业论文和教育实践(见习、实习、研习)采用综合性评价方法。

四、评价过程

(一)完善课程教学大纲

根据培养方案中课程对毕业要求的支撑分析,将课程大纲结合教学实际情况进行调整、完善,特别注意各个课程分目标对毕业要求指标点的支撑关系。

(二)明确评价依据

明确各课程分目标相应的评价方式(课堂表现、作业、小组讨论、报告、期末考核等),确定各评价方式对应的课程分目标的目标分值及权重。

(三)收集评价直接数据和间接数据

收集各课程分目标评价直接数据,包括课程考试等结果性评价数据,课堂表现测评、作业、单元测试、期中考核等过程性评价数据,技能考核、案例分析、设计展示、课程论文、专题报告等表现性评价方法,毕业论文(设计)、教育实践(见习实习研习)等综合性评价数据。收集各课程分目标评价间接数据,包括通过问卷调查、自我评价、学生互评、教师评价等方式获得的支撑课程达成的相关评价数据。

(四)计算课程目标达成情况评价达成值

根据课程分目标各评价环节结果,首先计算各课程分目标达成情况的客观评价达成值。每个课程分目标达成情况的客观评价达成值计算方法如下:评价方式 1 的实际平均分 / 评价方式 1 的目标分值 × 权重 + 评价方式 2 的实际平均分 / 评价方式 2 的目标分值 × 权重 + 评价方式 N 的实际平均分 / 评价方式 N 的目标分值 × 权重。整体课程目标达成情况客观评价达成值为各课程分目标达成情况客观评价达成值中的最低值。

其次计算各课程分目标达成情况的主观评价达成值。在结课前通过发放问卷的形式,将授课对象与授课教师对各课程分目标的达成情况给予主观赋分评价,各课程分目标达成情况的主观评价达成值取问卷参与者平均值。整体课程目标达成情况主观评价达成值为各课程分目标达成情况主观评价达成值中的最低值。

最后以课程目标达成情况主、客观评价达成值为依据,计算课程目标达成情况综合评价达成值:课程目标达成情况综合评价达成值 = 课程目标达成情况客观评价达成值 ×80%+ 课程目标达成情况教师主观评价达成值与学生主观评价达成值之平均值 ×20% 。

五、结果使用要求

学院在评价实践中评估、反思课程目标达成情况评价方式的科学性和有效性,形成课程目标达成情况评价改进报告,并在实践中对课程目标达成情况的评价方式进行持续改进。课程目标达成情况评价结果将作为合格课程的基本条件,以及各类优质课程评选的重要参考依据之一。对于课程目标达成情况综合评价达成值较低或者不达标的课程,学院督促任课教师反思其教学中存在的问题,予以改进,并且定期检查其改进效果;对于课程目标达成情况综合评价达成值较高的课程,应及时总结经验,完善和更新教学方案并进行应用推广。

外国语学院
2021 年 10 月

2020级《英语演讲与辩论(一)》课程目标达成情况评价报告

一、课程基本情况(表3-34)

表3-34　课程基本情况

课程编码	6031117	课程名称	英语演讲与辩论(一)	课程类别	专业必修课程	学分	2
考核方式	分散			开课时间		第四学期	
授课对象	2020级英语专业1-3班						
选课人数	91	参评人数	91	课程目标达成情况综合评价期望值		0.82	
任课教师		评价责任人		评价参与人			

二、课程目标及其与毕业要求指标点的对应关系(表3-35)

课程目标

《英语演讲与辩论(一)》是英语专业必修课程,也是专业核心课程,旨在培养学生运用英语在公开场合进行演讲和辩论的能力。通过课程学习,学生应能具有比较扎实的英语语言功底,知识面广,视野宽阔;具有较强的逻辑推理、批判性思维和临场应变能力;能就某一话题广泛收集素材,撰写演讲稿并脱稿进行演讲。在经过短时准备后就给定话题进行即席演讲;熟悉辩论的一般规则,能参与主题发言、抗辩、问题挑战、总结陈词等环节的辩论;熟练运用演讲和辩论策略。

课程目标1:通过课堂讲授、课外资料搜集和观摩优秀演讲,学生能知晓国内外演讲的起源与发展,了解演讲的定义、类型、特点和功能,熟悉国内外的著名演讲者及其发表的著名演讲,尤其是中外著名教育家和教学名师所发表的公众演讲。通过认真聆听和观摩这些著名演讲,学生能感受到演讲者的教育情怀,从而激发学生的教育热情,为培养新时代"四有"好老师打下基础。[毕业要求2 教育情怀]

课程目标 2：通过课堂讲授、演讲实践和课堂点评与讨论，学生能够学会确定演讲的主题和目的，能够分析听众，广泛收集素材，并通过归纳整理拟列提纲，撰写信息型演讲稿，能够用准确清晰生动的语言进行表达，并且具有较强的逻辑推理和批判性思维。[毕业要求 3 学科素养；毕业要求 7 学会反思]

课程目标 3：通过课堂讲授、演讲实践和课堂点评与讨论，学生能熟练运用演讲策略，由易到难、循序渐进地进行脱稿演讲，并且遵守公众演讲礼仪，符合伦理道德规范。[毕业要求 3 学科素养；毕业要求 7 学会反思]

课程目标 4：通过课堂讲授、演讲实践和课堂点评与讨论，学生的逻辑思维、语言组织与表达、沟通与合作、临场应变、批评与自我反思等能力与素养得以进一步提高。[毕业要求 3 学科素养；毕业要求 7 学会反思；毕业要求 8 沟通合作]

表 3-35　与毕业要求指标点的对应关系

毕业要求	毕业要求指标点	课程目标
[毕业要求 2 教育情怀(M)]	2.1【职业认同】通过课程学习和教育教学实践活动，能够树立正确的教育观和教师观，认同中学英语教师工作的意义，具有强烈的从教意愿，做学生学习的促进者	课程目标 1
[毕业要求 3 学科素养(H)] [毕业要求 7 学会反思(H)]	3.1【学科基础】系统掌握英语学科的基本知识和英语语言基本技能，能够理解英语学科核心素养的内涵，初步掌握基于核心素养的学习方法与学习策略 3.3【综合运用】具有中国情怀与国际视野，熟悉中国语言文化知识，具备一定的跨文化能力、文学鉴赏能力和思辨能力，能够综合运用英语学科知识和学习科学相关知识分析和解决英语教学问题 7.3【反思能力】初步掌握批判性思维方法和反思技能，具有一定的创新意识，能对自己的专业学习和教育教学活动进行反思，能就中学英语教学中的相关问题进行初步分析和研究	课程目标 2

续表

毕业要求	毕业要求指标点	课程目标
[毕业要求3学科素养(H)] [毕业要求7学会反思(H)]	3.1【学科基础】系统掌握英语学科的基本知识和英语语言基本技能,能够理解英语学科核心素养的内涵,初步掌握基于核心素养的学习方法与学习策略 3.3【综合运用】具有中国情怀与国际视野,熟悉中国语言文化知识,具备一定的跨文化能力、文学鉴赏能力和思辨能力,能够综合运用英语学科知识和学习科学相关知识分析和解决英语教学问题 7.3【反思能力】初步掌握批判性思维方法和反思技能,具有一定的创新意识,能对自己的专业学习和教育教学活动进行反思,能就中学英语教学中的相关问题进行初步分析和研究	课程目标3
[毕业要求3学科素养(H)] [毕业要求7学会反思(H)] [毕业要求8沟通合作(M)]	3.1【学科基础】系统掌握英语学科的基本知识和英语语言基本技能,能够理解英语学科核心素养的内涵,初步掌握基于核心素养的学习方法与学习策略 3.3【综合运用】具有中国情怀与国际视野,熟悉中国语言文化知识,具备一定的跨文化能力、文学鉴赏能力和思辨能力,能够综合运用英语学科知识和学习科学相关知识分析和解决英语教学问题 7.3【反思能力】初步掌握批判性思维方法和反思技能,具有一定的创新意识,能对自己的专业学习和教育教学活动进行反思,能就中学英语教学中的相关问题进行初步分析和研究 8.1【团队意识】了解学习共同体的价值和对专业发展的价值,形成主动积极参与团队协作活动的意识	课程目标4

三、课程目标达成情况客观评价

1.课程目标达成情况客观评价方法与评分标准(表3-36、表3-37、表3-38)

表3-36　评价方法

评价环节	课程目标1	课程目标2	课程目标3	课程目标4
评定方式1 课堂表现	√(50%)		√(20%)	√(50%)
评定方式2 课堂作业		√(20%)	√(20%)	
评定方式3 演讲稿	√(20%)	√(20%)		√(30%)
评定方式4 课堂演讲	√(30%)	√(60%)	√(60%)	√(20%)

表 3-37　课程目标达成评分标准

课程目标	100～90 优秀	89～80 良好	79～70 中等	69～60 及格	59～0 不及格
课程目标1	十分熟悉演讲的起源与发展；非常了解演讲的定义、类型、特点和功能；非常了解国内外的著名演讲赛事、演讲者及其发表的著名演讲，尤其是中外著名教育家和教学名师所发表的公众演讲；有强烈的教育情怀和教育热情	熟悉国内外演讲的起源与发展；了解演讲的定义、类型、特点和功能；了解国内外的著名演讲赛事、演讲者及其发表的著名演讲，尤其是中外著名教育家和教学名师所发表的公众演讲；有较强的教育情怀和教育热情	了解国内外演讲的起源与发展；大概了解演讲的定义、类型、特点和功能；大概了解国内外的著名演讲赛事、演讲者及其发表的著名演讲，尤其是中外著名教育家和教学名师所发表的公众演讲；有一定的教育情怀和教育热情	基本了解国内外演讲的起源与发展；基本了解演讲的定义、类型、特点和功能；基本了解国内外的著名演讲赛事、演讲者及其发表的著名演讲，尤其是中外著名教育家和教学名师所发表的公众演讲；有一些教育情怀和教育热情	不了解国内外演讲的起源与发展；不了解演讲的定义、类型、特点和功能；不了解国内外的著名演讲赛事、演讲者及其发表的著名演讲，尤其是中外著名教育家和教学名师所发表的公众演讲；几乎不具备教育情怀和教育热情
课程目标2	能熟练地确定演讲的主题和目的，非常了解如何分析听众，能够广泛收集素材，并通过归纳整理拟列提纲，提纲条理清晰，能按要求撰写信息型演讲稿，语言准确，表达清晰生动，逻辑推理和批判性思维能力强	能比较熟练地确定演讲的主题和目的，了解如何分析听众，能够收集素材，并通过归纳整理拟列提纲，提纲条理较清晰，能按要求撰写信息型演讲稿，语言比较准确，表达比较清晰生动，逻辑推理和批判性思维能力较强	能够确定演讲的主题和目的，大概了解如何分析听众并能够收集一定的素材，会拟列提纲，能按要求撰写信息型演讲稿，语言较准确，表达较清晰，具备一定的逻辑推理和批判性思维能力	基本能够确定演讲的主题和目的，基本了解如何分析听众并能够收集部分素材，基本学会如何拟列提纲，能按要求撰写信息型演讲稿，语言基本准确，表达基本清晰，基本具备逻辑推理和批判性思维能力	无法确定演讲的主题和目的，不了解如何分析听众，不会收集素材，不会拟列提纲，不能按要求撰写信息型演讲稿，语言表达混乱，不具备逻辑推理和批判性思维能力

续表

课程目标	100～90	89～80	79～70	69～60	59～0
	优秀	良好	中等	及格	不及格
课程目标3	十分熟练地运用演讲策略,能够由易到难、循序渐进地进行脱稿演讲,遵守公众演讲礼仪,符合伦理道德规范	较熟练地运用演讲策略,可以由易到难、循序渐进地进行脱稿演讲,遵守公众演讲礼仪,符合伦理道德规范	能够运用部分演讲策略,可以由易到难、循序渐进地进行脱稿演讲,基本遵守公众演讲礼仪,符合伦理道德规范	基本能够运用少量演讲策略,基本以由易到难、循序渐进地进行脱稿演讲,基本遵守公众演讲礼仪,符合伦理道德规范	不能熟练运用演讲策略,不能进行脱稿演讲,且演讲礼仪缺失,不符合伦理道德规范
课程目标4	具备严谨的逻辑思维能力,语言组织与表达能力强,沟通与合作能力强,能够临场应变,具备批评与自我反思能力	逻辑思维能力较强,语言组织与表达能力较强,沟通与合作能力较强,能够临场应变,具备批评与自我反思能力	有一定的逻辑思维能力,语言组织与表达能力较强,会沟通与合作,有一定的临场应变能力,有一定的批评与自我反思能力	有基本的逻辑思维能力,基本的语言组织与表达能力,基本可以沟通与合作,临场应变能力较弱,批评与自我反思能力较弱	逻辑思维混乱,语言组织与表达能力差,不会沟通与合作,不懂临场应变,不具备批评与自我反思能力

表 3-38 过程性考核评分标准

评价方式	100～90	89～80	79～70	69～60	59～0
	优秀	良好	中等	及格	不及格
课堂表现	高度认同该课程涉及的中国政治与文化、教育理念和方法等方面的内容;听课认真投入,积极参与课堂讨论,主动回答教师提问;全勤	高度认同该课程涉及的中国政治与文化、教育理念和方法等方面的内容;听课认真投入,比较积极参与课堂讨论,偶尔主动回答教师提问;请假或迟到早退情况少	对该课程涉及的中国政治与文化、教育理念和方法等方面的内容认同度较高;上课偶尔有走神现象,能够参与课堂互动,回答教师提问比较被动;偶尔请假或迟到早退	对该课程涉及的中国政治与文化、教育理念和方法等方面的内容基本认同;听课不认真,经常走神,不主动参与课堂讨论,勉强能够回答教师提问;偶尔旷课,请假或迟到早退情况较多	对该课程涉及的中国政治与文化、教育理念和方法等方面的内容认同度存在一定偏差;上课心不在焉,偶尔玩手机,不参与课堂讨论,对教师提问答非所问;无故旷课超过三次或经常请假或迟到早退

续表

评价方式	100 ~ 90	89 ~ 80	79 ~ 70	69 ~ 60	59 ~ 0
	优秀	良好	中等	及格	不及格
课堂作业	按时完成并提交课堂作业；格式规范；有自己的独到见解；文笔流畅,没有明显的语言错误	基本能够按时完成并提交课堂作业；格式规范；能够表达自己的思想和见解；文笔较流畅,几乎没有明显的语言错误	在老师的催促下能够按时完成并提交课堂作业；格式较规范；有一定的思想和见解；语言错误较少	作业完成较拖拉；格式不规范；思维较混乱；语言错误较常见	无法完成作业
演讲稿	按时完成并提交演讲稿；格式规范清晰；逻辑清楚完整；主题明确；支撑材料有效且丰富；文笔流畅,没有明显的语言错误	按时完成并提交演讲稿；格式规范清晰；符合逻辑；主题明确；支撑材料有效；文笔较流畅,几乎没有明显的语言错误	按时完成并提交演讲稿；格式规范；有一定的逻辑；主题较明确；能提供部分支撑材料；语言错误较少	按时完成并提交演讲稿；格式不规范；逻辑混乱；主题不明确；支撑材料不足；语言错误多	不能按时提交演讲稿
课堂演讲	能够独立完成四次课堂演讲；能够掌握并熟练使用各种演讲策略；演讲主题鲜明,目的明确,结构清晰；语音标准,语言准确生动；演讲效果佳	能够独立完成四次课堂演讲；能够基本掌握并使用各种演讲策略；演讲主题鲜明,目的明确,结构清晰；语音较标准,用词正确,演讲效果较好	基本能够独立完成四次课堂演讲；能够掌握并使用一定的演讲策略；演讲主题和目的比较明确,有一定的逻辑结构；语音比较清楚,有一些语言错误,演讲效果普通	勉强能够完成四次课堂演讲；演讲策略掌握情况较差；演讲主题和目的不够明确,逻辑结构混乱；语音语调较差,语言错误较多,演讲效果一般	未能全部完成四次课堂演讲；演讲策略掌握情况差；演讲主题和目的虚无缥缈,逻辑结构十分混乱；语音语调非常差,语言错误多,演讲效果非常差

2. 课程目标期末考试分布

本课程考核方式为分散考试,将第四次课堂演讲评分作为期末成绩。

3. 课程目标达成情况客观评价达成值计算方式

根据《外国语学院课程目标达成情况评价方案(试行)》中的相关规定,各课程分目标达成情况客观评价达成值的计算方法如下:评价方式1的实际平均分/评价方式1的目标分值×权重+评价方式2的实际平均分/评价方式2的目标分值×权重+评价方式N的实际平均分/评价方式N的目标分值×权重。整体课程目标达成情况客观评价达成值为各课程分目标达成情况客观评价达成值中的最低值。

4. 课程目标达成情况客观评价达成值计算过程

课程目标1:

评定方式1课堂表现权重50%,目标分值100分,实际平均分91.67分

评定方式2演讲稿权重20%,目标分值100分,实际平均分91.35分

评定方式3课堂演讲权重30%,目标分值100分,实际平均分90.62分

达成值:$91.67/100 \times 50\% + 91.35/100 \times 20\% + 90.62/100 \times 30\% = 0.91$

课程目标2:

评定方式1课堂作业权重20%,目标分值100分,实际平均分87.80分

评定方式2演讲稿权重20%,目标分值100分,实际平均分91.35分

评定方式3课堂演讲权重60%,目标分值100分,实际平均分90.62分

达成值:$87.80/100 \times 20\% + 91.35/100 \times 20\% + 90.62/100 \times 60\% = 0.90$

课程目标3:

评定方式1课堂表现权重20%,目标分值100分,实际平均分91.67分

评定方式2课堂作业,权重20%,目标分值100分,实际平均分87.80分

评定方式3课堂演讲,权重60%,目标分值100分,实际平均分90.62分

达成值:$91.67/100 \times 20\% + 87.80/100 \times 20\% + 90.62/100 \times 60\% = 0.90$

课程目标4:

评定方式1课堂表现权重50%,目标分值100分,实际平均分91.67分

评定方式2演讲稿权重30%,目标分值100分,实际平均分91.35分

评定方式3课堂演讲权重20%,目标分值100分,实际平均分90.62分

达成值:$91.67/100 \times 50\% + 91.35/100 \times 30\% + 90.62/100 \times 20\% = 0.91$

课程目标达成情况客观评价达成值:0.90

5. 课程目标达成情况客观评价达成值计算结果(表3-39)

表3-39 课程目标达成情况客观评价达成值计算结果

课程目标	评价依据	评价环节	权重	目标分值	实际平均分	评价达成值
课程目标1	课堂表现成绩综合本期学生实际参与课堂情况和出勤情况评定; 演讲稿成绩依据学生提交的演讲稿质量评定; 课堂演讲成绩为学生实际进行的四次课堂演讲评分的平均分	评定方式1课堂表现	50%	100	91.67	0.91
		评定方式2演讲稿	20%	100	91.35	
		评定方式3课堂演讲	30%	100	90.62	
课程目标2	课堂作业成绩为学生提交的课堂作业的实际分数; 演讲稿成绩依据学生提交的演讲稿质量评定; 课堂演讲成绩为学生实际进行的四次课堂演讲评分的平均分	评定方式1课堂作业	20%	100	87.80	0.90
		评定方式2演讲稿	20%	100	91.35	
		评定方式3课堂演讲	60%	100	90.62	
课程目标3	课堂表现成绩综合本期学生实际参与课堂情况和出勤情况评定; 课堂作业成绩为学生提交的课堂作业的实际分数; 课堂演讲成绩为学生实际进行的四次课堂演讲评分的平均分	评定方式1课堂表现	20%	100	91.67	0.90
		评定方式2课堂作业	20%	100	87.80	
		评定方式3课堂演讲	60%	100	90.62	
课程目标4	课堂表现成绩综合本期学生实际参与课堂情况和出勤情况评定; 演讲稿成绩依据学生提交的演讲稿质量评定; 课堂演讲成绩为学生实际进行的四次课堂演讲评分的平均分	评定方式1课堂表现	50%	100	91.67	0.91
		评定方式2演讲稿	30%	100	91.35	
		评定方式3课堂演讲	20%	100	90.62	
课程目标达成情况客观评价达成值						0.90

四、课程目标达成情况主观评价

1. 教师、学生主观评价达成值原始记录（表 3-40、图 3-5）

表 3-40　教师原始评价统计

课程目标	教师一评价	教师二评价
课程目标 1	0.90	0.92
课程目标 2	0.85	0.81
课程目标 3	0.85	0.83
课程目标 4	0.88	0.86

1. 通过课堂讲授、课外资料搜集和观摩优秀演讲，学生能知晓国内外演讲的起源与发展，了解演讲的定义、类型、特点和功能，熟悉国内外的著名演讲者及其发表的著名演讲，尤其是中外著名教育家和教学名师所发表的公众演讲。通过认真聆听和观摩这些著名演讲，学生能感受到演讲者的教育情怀，从而激发学生的教育热情，为培养新时代"四有"好老师打下基础。 [单选题]

选项	小计	比例	
完全实现	31		34.44%
较好实现	56		62.22%
基本实现	2		2.22%
较差	1		1.11%
很差	0		0%
本题有效填写人次	90		

▦表格　●饼状　○圆环　▥柱状　≡条形　◎

2. 通过课堂讲授、演讲实践和课堂点评与讨论，学生能够学会确定演讲的主题和目的，能够分析听众，广泛收集素材，并通过归纳整理拟列提纲，撰写信息型演讲稿，能够用准确清晰生动的语言进行表达，并且具有较强的逻辑推理和批判性思维。 [单选题]

选项	小计	比例	
完全实现	40		44.44%
较好实现	48		53.33%
基本实现	2		2.22%
较差	0		0%
很差	0		0%
本题有效填写人次	90		

▦表格　●饼状　○圆环　▥柱状　≡条形　◎

3. 通过课堂讲授、演讲实践和课堂点评与讨论，学生能熟练运用演讲策略，由易到难、循序渐进地进行脱稿演讲，并且遵守公众演讲礼仪，符合伦理道德规范。 [单选题]

选项	小计	比例	
完全实现	36		40%
较好实现	51		56.67%
基本实现	3		3.33%
较差	0		0%
很差	0		0%
本题有效填写人次	90		

表格 · 饼状 · 圆环 · 柱状 · 条形

4. 通过课堂讲授、演讲实践和课堂点评与讨论，学生的逻辑思维、语言组织与表达、沟通与合作、临场应变、批评与自我反思等能力与素养得以进一步提高。 [单选题]

选项	小计	比例	
完全实现	30		33.33%
较好实现	50		55.56%
基本实现	8		8.89%
较差	1		1.11%
很差	1		1.11%
本题有效填写人次	90		

表格 · 饼状 · 圆环 · 柱状 · 条形

图 3-5　学生原始评价统计

2. 教师、学生主观评价达成值计算结果（表 3-41）

表 3-41　教师、学生主观评价达成值计算结果

课程目标	教师评价	学生评价
课程目标 1	0.91	0.86
课程目标 2	0.83	0.88
课程目标 3	0.84	0.87
课程目标 4	0.87	0.84
课程目标达成情况主观评价达成值	0.83	0.84

五、课程目标达成情况综合评价

1. 课程目标达成情况综合评价达成值计算方式

根据《外国语学院课程目标达成情况评价方案（试行）》中的相关规定,课程目标达成情况综合评价达成值的计算方式如下:课程目标达成情况综合评价达成值 = 课程目标达成情况客观评价达成值 ×80% + 课程目标达成情况教师主观评价达成值与学生主观评价达成值之平均值 ×20% 。

2. 课程目标达成情况综合评价达成值计算结果

《英语演讲与辩论（一）》课程目标达成情况客观评价达成值: 0.90

《英语演讲与辩论（一）》课程目标达成情况教师主观评价达成值: 0.83

《英语演讲与辩论（一）》课程目标达成情况学生主观评价达成值: 0.84

《英语演讲与辩论（一）》课程目标达成情况综合评价达成值:

$0.90 \times 80\% + （0.83+0.84）/2 \times 20\% = 0.89$

六、课程目标达成情况评价达成值对比（图 3-6、图 3-7 ）

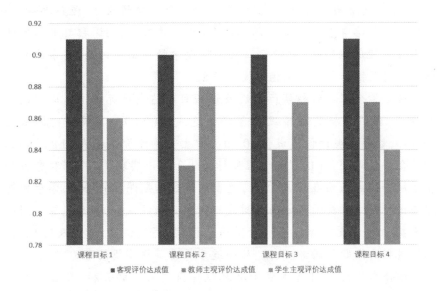

图 3-6 各课程分目标达成情况主观评价达成值与客观评价达成值对比

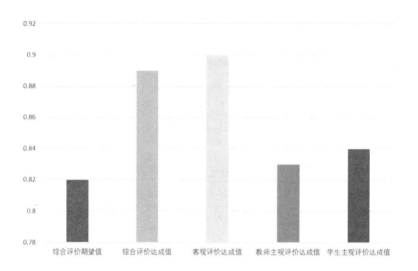

图3-7　课程目标达成情况综合评价期望值、综合评价达成值与课程目标达成情况
主、客观评价达成值对比

七、课程总结与改进措施

1.课程考核成绩评价分析

《英语演讲与辩论(一)》是一门综合了英语口语表达、逻辑思辨、演讲技巧和策略等多方面能力的课程,开设在第四学期,课程具有一定的挑战性。经课程团队、教研室以及学院教学督导小组讨论,将本课程目标达成情况综合评价期望值设定为0.82。

结合学生课程考核实际情况及课程目标达成情况评价达成值的结果分析,课程目标达成情况综合评价达成值(0.89)、客观评价达成值(0.90)、教师主观评价达成值(0.80)、学生主观评价达成值(0.84)均高于综合评价期望值(0.82),课程目标总体上得以实现。4个课程分目标客观评价达成值均在0.90以上,这表明通过本期课程的修读,学生能够对演讲材料中涉及的多方面题材能够树立正确的认知,并且能够运用初步掌握的演讲策略和技巧进行英语演讲,撰写演讲稿,尝试及时反思、总结遇到的问题并思考、改进,从而逐步提升英语演讲的能力。

结合本次课程目标达成情况客观评价达成值的分析,在后续的系列课程教学中,拟从如下方面加以改进:一、加强思政教育,在课堂讲授和分享演讲时引导学生思考中西方文化差异对演讲的影响,激发学生的爱国情怀和投身教育事业的热情,鼓励学生用英语演讲传述中国故事。二、强调演讲稿的撰写,尤其注意撰写过程中逻辑思维能力的培养以及语言的准确性和生动性。三、着重培养学生脱稿演讲的能力,强调演讲技巧和策略的应用,增强学生的自信心。四、长期持续追踪学生的演讲表现,及时反思不足,通过教师点评和学生互评帮助学生提高演讲水平。

2. 一致性评价分析(表 3-42)

表 3-42　一致性评价分析

评价内容	一致性判断			存在问题及改进措施
	一致	较一致	不一致	
学生主观评价结果与课程综合评价结果的对比分析	√			
教师自我主观评价与课程综合评价结果的对比分析	√			
学生主观评价结果与教师自我主观评价结果的对比分析	√			

3. 合理性评价分析(表 3-43)

表 3-43　合理性评价分析

评价内容	合理性判断			存在问题及改进措施
	合理	较合理	不合理	
课程目标定位	√			
课程评价方式(包括考核方式、考核内容、评分标准、与课程目标的关联性)	√			
课程对毕业要求的支撑指标点和权重	√			

4. 个体评价分析

本次课程考核综合成绩仅有 2 位学生在 80 分以下,占比 2%。这两位学生在学习态度上不够认真,存在旷课、不按时提交作业等情况,同时英语基础较薄弱,学习方式方法等方面存在一定的问题。针对这部分需要更多帮助的学生,在后续教学中,拟从如下方面加以改进:一、主动加强与这部分学生的交流,了解他们的问题,端正其学习态度,激发主观能动性。二、努力在课内教学实践中创造更多机会,主动邀请这部分同学参与互动、明确分配协作任务,充分调动其积极性,及时给予针对性的肯定评价,鼓励其不断进步。三、及时跟进指导,引导这部分同学思考有效的改进方法并应用到学习实践中。四、监督这部分学生及时完成自主练习作业,并及时反馈作业完成的质量情况与问题,给予必要的辅导。

五、建立了毕业要求达成评价机制

根据《重庆文理学院关于制定 2020 版本科专业人才培养方案的指导意见》《重庆文理学院毕业要求达成度评价实施办法(修订版、试行)》等要求,结合《外国语学院 2020 版本科专业人才培养方案制定实施方案》,本专业制定了《外国语学院英语专业毕业要求达成情况评价方案(试行)》(见本节材料 10),该文件明确了毕业要求评价的依据、主体、方法、实施等方面,构建了毕业要求达成评价的制度保障,对科学、规范地实施毕业要求达成情况评价起到重要作用。

2018 级执行的是 2015 版人才培养方案,2015 版人才培养方案未涉及毕业要求指标点的分解,而 2020 版人才培养方案从 2020 级才开始正式实施。根据目前所制定的《外国语学院英语专业毕业要求达成情况评价方案(试行)》,考虑到新旧两版人才培养方案在课程设置及课程大纲要求等方面存在差异,本次达成情况评价选取 2015 版人才培养方案中的 27 门必修课(教授超过 1 学期的系列课程算作 1 门)进行达成值计算。依据《外国语学院英语专业毕业要求达成情况评价方案(试行)》,本次达成评价选取最近一届英语师范专业毕业生(2022 届)全体学生开展达成情况评价,并形成《外国语学院英语专业毕业要求达成情况评价报告》(见本节材料 11)。

同时,基于毕业要求分解指标点的内涵,由专业毕业要求达成情况评价小组共同编制评价问卷,对本专业 2022 届全体毕业生、相关教师实施问卷调查。其中,发放给 2022 届师范毕业生问卷 83 份,收回 82 份;发放给教师问卷 50 份,收回 49 份。经梳理各类问卷和专业毕业要求达成情况评价小组共同研讨核算:毕业要求达成值分别为 0.95(参照 2022 届师范毕业生毕业要求达成情况评价问卷与访谈)和 0.91(参照相关教师对 2022 届师范毕业生毕业要求达成情况评价问卷与访谈)。

毕业要求间接评价达成平均值为 0.93。

八个毕业要求的直接评价达成值分别为 0.83、0.85、0.85、0.85、0.83、0.86、0.85、0.85,平均值为 0.85,均高于毕业要求达成情况评价小组设定的达成期望值 0.70。依据《外国语学院英语专业毕业要求达成情况评价方案(试行)》和经毕业要求达成情况评价小组研究决定,对基于综合成绩的课程直接评价结果和基于问卷调查的间接评价结果分别赋权 0.7 和 0.3,最后计算出本专业毕业要求综合达成值,即八个毕业要求直接评价达成平均值 ×0.7+ 间接评价达成平均值 ×0.3。本专业最近一届毕业生毕业要求的综合达成值为 0.85×0.7+ 0.93×0.3=0.87,已较大幅度超过本专业毕业要求达成期望值(0.70),表明我院英语专业毕业要求达成情况整体较好(表 3-44)。

表 3-44　2022 届毕业生毕业要求达成情况评价结果

毕业要求	毕业要求达成情况评价方法		达成期望值	综合达成值
	直接评价(70%)	间接评价(30%)		
毕业要求 1	基于课程综合成绩进行定量评价(达成平均值为 0.85)	基于学习者体验的自我定性评价及相关教师评价(达成平均值为 0.93)	0.70	0.87
毕业要求 2				
毕业要求 3				
毕业要求 4				
毕业要求 5				
毕业要求 6				
毕业要求 7				
毕业要求 8				

材料 10:

外国语学院英语专业毕业要求达成情况评价方案(试行)

毕业要求是学生毕业时应具备的学科素养、职业能力与职业素养等的具体描述,是专业向学生发展做出的承诺。毕业要求达成情况评价是本科人才培养全过程中的重要环节,是衡量学生是否达到专业毕业要求的重要依据。毕业要求支撑培养目标,毕业要求的达成情况直接关系培养目标的达成绩效。毕业要求达成情况评价对人才培养能产生正向反拨作用,对优化人才培养质量具有积极作用。为切实做好英语专业毕业要求达成情况评价,特制定本评价方案。

一、评价依据

毕业要求达成情况评价以国家师范类专业认证标准、中学教师专业标准、《普通高等学校本科专业类教学质量国家标准(外国语言文学类)》《普通高等学校本科外国语言文学类专业教学指南》、专业人才培养要求等为依据。

二、评价机构及其主要职责

学院成立毕业要求达成情况评价工作小组,由院长和党总支书记担任组长,教学副院长、党总支副书记担任副组长,成员包括专业负责人、教研室主任、教学委员会委员、教学督导、骨干教师代表、辅导员、校外专家、用人单位代表等。主要职责如下:

(1)审核各指标点支撑课程的合理性及其权重值。

(2)审核毕业要求达成情况评价方法。

(3)组织协调校内外评价主体参与毕业要求达成度评价,负责评价数据汇总和分析。

(4)审核毕业要求达成度分析报告,提出改进意见。

(5)追踪督查持续改进情况。

三、评价对象和周期

毕业要求达成情况评价对象为本专业毕业审核合格的全体应届毕业生;毕业要求达成情况评价在毕业学期开展,每年开展一次。

四、评价方法

评价方法包括直接评价和间接评价。直接评价是指考查毕业要求及分解指标点的达成情况,主要是对课程表现、作业、报告、期末考试、学习成果等方面进行形成性评价、表现性评价、终结性评价及综合性评价,重点考查所有支撑毕业要求的课程目标达成情况;间接评价主要采用问卷调查和访谈等形式,评价各项毕业要求的达成情况。毕业要求达成情况评价以直接评价为主,间接评价为辅,建议权重为7:3。

五、评价过程

毕业要求达成情况评价包括直接评价(课程评价)和间接评价(学生自我评价、教师评价)。直接评价主要是依据每门课程的课程目标达成情况评价报告,并根据课程对毕业要求的不同支撑度设置权重。若支撑特定毕业要求的课程有高(H)、中(M)、低(L)三类,建议权重为6:3:1,若只选择高支撑课程(H)和中支撑课程(M)支撑特定毕业要求,建议权重为 6:4。例如,支撑师德规范的课程有高支撑课程 5 门、中支撑课程 3 门、低支撑课程 2 门,则师德规范直接评价达成值=5 门高支撑课程的课程目标综合评价达成值之平均值 ×0.6+3 门中支撑课程的课程目标综合评价达成值之平均值 ×0.3+2 门低支撑课程的课程目标综合评价达成值之平均值 ×0.1。

间接评价主要采取问卷调查和访谈的形式。学生自我评价和教师评价在学生离校前完成。

六、评价结果的使用

学院将本专业毕业要求达成情况评价结果反馈给相关教师,并组织进行深入分析和研讨,反思存在的不足。同时将评价结果作为下一轮专业培养目标、毕业要求、课程体系、课程大纲、课程教学、实践环节、保障机制等改进的重要依据,使"评价—反馈—改进"闭环高质量运行。

外国语学院
2021 年 9 月

材料 11:

外国语学院英语专业毕业要求达成情况评价报告(2022 届)
一、外国语学院英语专业毕业要求达成情况评价计算方式

毕业要求达成情况评价包括直接评价(课程评价)和间接评价(学生自我评价教师评价)。直接评价主要是依据每门课程的课程目标达成情况评价报告(由于基于师范类专业认证标准的修订版人才培养方案于 2020 级执行,2018 级学生毕业要求达成的直接评价主要依据课程综合成绩),并根据课程对毕业要求的不同支撑度设置权重(2018 级采用的是 2015 版人才培养方案,在把握课程对毕业要求的支撑时参照 2020 版人才培养方案)。若支撑特定毕业要求的课程有高(H)、中(M)、低(L)三类,权重为 6:3:1,若只选择高支撑课程(H)和中支撑课程(M)支撑特定毕业要求,权重为 6:4;如支撑师德规范的课程有高支撑课程 5 门、中支撑课程 3 门、低支撑课程 2 门,师德规范直接评价达成值为 5 门高支撑课程的课程目标综合评价达成值(综合成绩)之平均值 ×0.6+3 门中支撑课程的课程目标综合评价达成值(综合成绩)之平均值 ×0.3+2 门低支撑课程的课程目标综合评价达成值(综合成绩)之平均值 ×0.1。

毕业要求达成情况评价以直接评价为主,间接评价为辅,权重为
7∶3。专业毕业要求综合达成值为八个毕业要求直接评价达成平均值 ×
0.7+ 间接评价达成平均值 ×0.3。

二、外国语学院英语专业毕业要求达成直接评价结果

2018 级执行的是 2015 版人才培养方案,2015 版人才培养方案未
涉及毕业要求指标点的分解,而 2020 版人才培养方案从 2020 级才开
始正式实施。根据目前所制定的《外国语学院英语毕业要求达成情况
评价方案(试行)》,考虑到新旧两版人才培养方案在课程设置及课程大
纲要求等方面存在差异,本次达成情况评价选取 2015 版人才培养方案
中的 27 门必修课(教授超过 1 学期的系列课程算作 1 门)进行达成值
计算。依据《外国语学院英语毕业要求达成情况评价方案(试行)》,本
次达成评价选取最近一届英语师范专业毕业生(2022 届)全体学生开
展达成情况评价。

2.1[师德规范]

表 3-45　师德规范分指标点达成情况评价

专业毕业要求	毕业要求指标点	用于评价的课程	评价方法	评价依据	达成评价周期 /评价机构和责任人	形成的记录文档	达成情况
师德规范	2.1.1 理想信念	思想道德修养与法律基础(H)、中国近现代史纲要(M)、毛泽东思想和中国特色社会主义理论体系概论(H)、形势与政策(H)、认知见习(M)、毕业实习(M)	直接评价:课程考试结果性评价、过程性评价、表现性评价、综合性评价	《外国语学院毕业要求达成情况评价方案(试行)》和《外国语学院课程目标达成情况评价方案(试行)》	每学期 /学院教学委员会、教学副院长、教研室主任	期末考核和平时考核记录	0.83达成

续表

专业毕业要求	毕业要求指标点	用于评价的课程	评价方法	评价依据	达成评价周期/评价机构和责任人	形成的记录文档	达成情况
	2.1.2 立德树人	思想道德修养与法律基础(H)、中国近现代史纲要(M)、毛泽东思想和中国特色社会主义理论体系概论(H)、形势与政策(M)、认知见习(M)、毕业实习(M)	同上	同上	同上	同上	0.83 达成
	2.1.3 依法执教	思想道德修养与法律基础(H)、中国近现代史纲要(M)、毛泽东思想和中国特色社会主义理论体系概论(H)、形势与政策(M)、认知见习(M)、毕业实习(M)	同上	同上	同上	同上	0.83 达成

　　由表 3-45 可见,师德规范三个分指标点的达成值分别是理想信念 0.83、立德树人 0.83 和依法执教 0.83,平均值为 0.83,三个分指标点的达成值和整体达成值均超过 0.70。此外,高、中支撑课程特别强调学生对师德规范形成深刻的认知和较丰富的体验,学生普遍对师德规范有比较清晰的了解,并在教育实践、志愿活动等中有较好的师德体验;学生积极向党组织靠拢,近三年每年均有 10 余名师范生加入中国共产党,学生参与教育实践和暑期三下乡(与教育教学相关)活动积极性高,学生反映师德体验较充分,收获大;实习基地和用人单位等对师范生的师德表现满意度高。综合来看,表明该毕业要求达成。

2.2[教育情怀]

表 3-46　教育情怀分指标点达成情况评价

专业毕业要求	毕业要求指标点	用于评价的课程	评价方法	评价依据	达成评价周期/评价机构和责任人	形成的记录文档	达成情况
教育情怀	2.2.1 职业认同	现代教育学（H）、认知见习（H）、毕业实习（H）、中国近现代史纲要（M）、教育心理学（H）、英语教学论 1—3（M）	直接评价：课程考试结果性评价、过程性评价、表现性评价、综合性评价	《外国语学院毕业要求达成情况评价方案(试行)》和《外国语学院课程目标达成情况评价方案(试行)》	每学期/学院教学委员会、教学副院长、教研室主任	期末考核和平时考核记录	0.85 达成
	2.2.2 关爱学生	现代教育学（H）、认知见习（H）、毕业实习（H）、中国近现代史纲要（M）、教育心理学（H）	同上	同上	同上	同上	0.84 达成

　　由表 3-46 可见,教育情怀两个分指标点的达成值分别是职业认同 0.85、关爱学生 0.84,平均值为 0.85,两个分指标点的达成值和整体达成值均超过 0.70。此外,高、中支撑课程重视学生对教育情怀形成深刻的认知并给学生提供较多的教育情怀体验机会,学生普遍热爱教师职业,明白为师之道,并在教育实践、志愿活动等中有较好的教育情怀体验,学生有志于成为"四有"好老师;学生认真备考教师资格证,近三年教师资格证平均获得率为 85%,学生在教育实践、暑期三下乡(与教育教学相关)活动中积极性高,学生对教育情怀的理解和体验进一步加深;实习基地和用人单位等对师范生的教育情怀满意度高。综合来看,表明该毕业要求达成。

2.3[学科素养]

表 3-47 学科素养分指标点达成情况评价

专业毕业要求	毕业要求指标点	用于评价的课程	评价方法	评价依据	达成评价周期/评价机构和责任人	形成的记录文档	达成情况
学科素养	2.3.1 学科基础	基础英语1—4（H）、英语语法1—2（H）、英语听力1—4（H）、英语阅读1—4（H）、英语写作1—3（H）、英语语音（H）、笔译基础1—2（H）、口译基础（H）、毕业实习（M）、英语教学论1—3（M）、英语语言学导论（H）	直接评价：课程考试结果性评价、过程性评价、表现性评价、综合性评价	《外国语学院毕业要求达成情况评价方案（试行）》和《外国语学院课程目标达成情况评价方案（试行）》	每学期/学院教学委员会、教学副院长、教研室主任	期末考核和平时考核记录	0.84 达成
	2.3.2 学科整合	基础英语1—4（H）、英语阅读1—4（H）、英语写作1—3（H）、笔译基础1—2（H）、口译基础（H）、毕业实习（M）、英语教学论1—3（M）、英语语言学导论（H）	同上	同上	同上	同上	0.85 达成
	2.3.3 综合运用	基础英语1—4（H）、英语阅读1—4（H）、英语写作1—3（H）、毕业实习（M）、英语教学论1—3（M）、英语语言学导论（H）	同上	同上	同上	同上	0.84 达成

由表 3-47 可见，学科素养三个分指标点的达成值分别是学科基础0.84、学科整合 0.85 和综合运用 0.84，平均值为 0.85，三个分指标点的达成值和整体达成值均超过 0.70。此外，高、中支撑课程重视对学生英语学科核心素养的培养；学生积极参加各级各类学科类竞赛，如"外研

社国才杯"英语竞赛(英语演讲、英语阅读、英语写作大赛)、全国大学生英语竞赛、"外教社词达人杯"全国大学生英语词汇能力大赛、全国口译大赛、重庆市翻译家协会翻译大赛等,近三年相关学科竞赛获得国家级一等奖 1 次,省级一等奖 4 次、二等奖 9 次、三等奖 20 次;实习基地和用人单位等对师范生的英语学科核心素养满意度较高。综合来看,表明该毕业要求达成。

2.4 [教学能力]

表 3-48 教学能力分指标点达成情况评价

专业毕业要求	毕业要求指标点	用于评价的课程	评价方法	评价依据	达成评价周期/评价机构和责任人	形成的记录文档	达成情况
教学能力	2.4.1 教学理念	教育心理学(M)、现代教育学(M)、英语教学论 1—3(H)、英语阅读 1—4(M)、英语写作 1—3(M)、英语听力 1—4(M)、英语语法 1—2(M)、基础英语 1—4(M)、毕业实习(H)、英语口语 1—4(M)	直接评价:课程考试结果性评价、过程性评价、表现性评价、综合性评价	《外国语学院毕业要求达成情况评价方案(试行)》和《外国语学院课程目标达成情况评价方案(试行)》	每学期/学院教学委员会、教学副院长、教研室主任	期末考核和平时考核记录	0.87 达成
	2.4.2 教学知识	教育心理学(M)、现代教育学(M)、英语教学论 1—3(H)、英语阅读 1—4(M)、英语写作 1—3(M)、英语听力 1—4(M)、英语语法 1—2(M)、基础英语 1—4(M)、毕业实习(H)、认知见习(H)、英语口语 1—4(M)	同上	同上	同上	同上	0.85 达成

续表

专业毕业要求	毕业要求指标点	用于评价的课程	评价方法	评价依据	达成评价周期/评价机构和责任人	形成的记录文档	达成情况
	2.4.3 教学技能	教育心理学（M）、现代教育学（M）、英语教学论1—3（H）、英语阅读1—4（M）、英语写作1—3（M）、英语听力1—4（M）、英语语法1—2（M）、基础英语1—4（M）、毕业实习（H）、认知见习（H）、英语口语1—4（M）	同上	同上	同上	同上	0.85达成
	2.4.4 教研能力	教育心理学（M）、现代教育学（M）、英语教学论1—3（H）、毕业实习（H）、认知见习（H）、毕业论文（M）	同上	同上	同上	同上	0.84达成

由表3-48可见，教学能力四个分指标点的达成值分别是教学理念0.87、教学知识0.85、教学技能0.85和教研能力0.84，平均值为0.85，四个分指标点的达成值和整体达成值均超过0.70。此外，高、中支撑课程非常重视对学生中学英语教学能力的培养，不仅英语教学论、三习等课程对提升师范生的教学能力有很大作用，学科专业核心课程中还融入了中学英语教育教学元素，与教师教育类课程形成合力；学院每年会遴选专业课教师对师范生进行试讲指导，工作开展扎实；学院每年也会开展师范生教学技能比赛，促进学生教学能力的提升，学生参与热情高，普遍反映有收益；学生在教育实践、第二课堂、社团活动等中表现出了较强的教学能力，实习基地和用人单位等对师范生的教学能力认可度高；学生积极参加各级各类教学类竞赛，如"田家炳杯"全国师范院校师范生教学技能竞赛、全国师范生微课大赛、重庆市师范院校师范生教学技能竞赛等，近三年相关竞赛获得国家级一等奖1次、国家级二等奖

4次、省级三等奖以上近10次。综合来看,表明该毕业要求达成。

2.5［班级指导］

表3-49 班级指导分指标点达成情况评价依据表

专业毕业要求	毕业要求指标点	用于评价的课程	评价方法	评价依据	达成评价周期/评价机构和责任人	形成的记录文档	达成情况
班级指导	2.5.1 德育为先	认知见习（H）、毕业实习（H）、教育心理学（H）	直接评价：课程考试结果性评价、过程性评价、表现性评价、综合性评价	《外国语学院毕业要求达成情况评价方案（试行）》和《外国语学院课程目标达成情况评价方案（试行）》	每学期/学院教学委员会、教学副院长、教研室主任	期末考核和平时考核记录	0.83 达成
	2.5.2 班队建设	认知见习（H）、毕业实习（H）、教育心理学（H）	同上	同上	同上	同上	0.83 达成

由表3-49可见,班级指导两个分指标点的达成值分别是德育为先0.83和班队建设0.83,平均值为0.83,两个分指标点的达成值和整体达成值均超过0.70。此外,高、中支撑课程重视对学生班级指导能力的培养,理论课任课教师强化学生对班级管理与建设方面的知识讲解,促进学生理解,教育实习等实践教学环节加大学生对班级指导的真实体验,学生反映对班级指导形成了较清晰的认识,对实际班级管理与建设等形成了初步感悟;学院每年的师范生试讲指导工作也对班级指导有辅导;学生在教育实践、志愿活动等中表现出了较强的班级指导能力,实习基地和用人单位等对师范生的此能力认可度较高。综合来看,表明该毕业要求达成。

2.6 [综合育人]

表 3-50 综合育人分指标点达成情况评价

专业毕业要求	毕业要求指标点	用于评价的课程	评价方法	评价依据	达成评价周期/评价机构和责任人	形成的记录文档	达成情况
综合育人	2.6.1 理念育人	思想道德修养与法律基础(H)、认知见习(M)、毕业实习(H)、毛泽东思想和中国特色社会主义理论体系概论(M)、现代教育学(H)、军事理论与训练(H)、英语口语(M)、英语写作1—3(M)、基础英语1—4(M)	直接评价:课程考试结果性评价、过程性评价、表现性评价、综合性评价	《外国语学院毕业要求达成情况评价方案(试行)》和《外国语学院课程目标达成情况评价方案(试行)》	每学期/学院教学委员会、教学副院长、教研室主任	期末考核和平时考核记录	0.85 达成
	2.6.2 活动育人	认知见习(M)、毕业实习(H)、军事理论与训练(H)、英语口语(M)、英语写作1—3(M)、基础英语1—4(M)	同上	同上	同上	同上	0.87 达成

由表 3-50 可见,综合育人两个分指标点的达成值分别是理念育人 0.85 和活动育人 0.87,平均值为 0.86,两个分指标点的达成值和整体达成值均超过 0.70。此外,所有课程大纲都设置有课程思政课程分目标,有相应的教学内容、教学方式和考核内容与此目标对接,高、中支撑课程重视综合育人能力的培养,各类课程形成合力,育人深度高,学生反映对学科育人形成了清晰的认识,具备学科育人的基本能力;学院每年的师范生试讲指导工作也对育人能力有指导,学生在教育实践、志愿活动等中表现出了较强的育人能力,实习基地和用人单位等对师范生的此能力认可度较高;学院学工和团委重视学生的综合育人能力培养,第二课堂、第三课堂、社团活动、志愿活动等加强了学生对综合育人的理解,学生建立了基本的综合育人能力。综合来看,表明该毕业要求达成。

2.7 [学会反思]

表 3-51　学会反思分指标点达成情况评价

专业毕业要求	毕业要求指标点	用于评价的课程	评价方法	评价依据	达成评价周期/评价机构和责任人	形成的记录文档	达成情况
学会反思	2.7.1 终身学习	英语教学论1—3（M）、认知见习（H）、毕业实习（M）、中国近现代史纲要（H）、马克思基本原理概论（H）、形势与政策（H）、大学生创新创业基础（M）	直接评价：课程考试结果性评价、过程性评价、表现性评价、综合性评价	《外国语学院毕业要求达成情况评价方案(试行)》和《外国语学院课程目标达成情况评价方案(试行)》	每学期/学院教学委员会、教学副院长、教研室主任	期末考核和平时考核记录	0.85 达成
	2.7.2 自我规划	英语教学论1—3（M）、认知见习（H）、毕业实习（M）、大学生创新创业基础（M）	同上	同上	同上	同上	0.86 达成
	2.7.3 反思能力	基础英语1—4（M）、英语阅读1—4（M）、英语写作1—3（M）、英语教学论1—3（M）、毕业论文（H）、认知见习（H）、教育研习（H）、毕业实习（M）	同上	同上	同上	同上	0.84 达成

由表 3-51 可见,学会反思三个分指标点的达成值分别是终身学习 0.85、自我规划 0.86 和反思能力 0.84,平均值为 0.85,三个分指标点的达成值和整体达成值均超过 0.70。此外,高、中支撑课程中设置有支撑学会反思的课程分目标,强化对学生专业学习和教学反思能力的培养;高支撑课程设置有写作反思、读书笔记等反思性作业或任务,学生积极参与,完成效果好;英语教学论、三习、毕业论文等课程特别重视学生教学反思能力的培养,每年的师范生试讲指导工作也对教学反思能力有指

导,学生在教育实践、志愿活动、毕业论文等中表现出了较强的教学反思能力,实习基地和用人单位等对师范生的反思能力认可度较高。综合来看,表明该毕业要求达成。

2.8 [沟通合作]

表 3-52　沟通合作分指标点达成情况评价

专业毕业要求	毕业要求指标点	用于评价的课程	评价方法	评价依据	达成评价周期/评价机构和责任人	形成的记录文档	达成情况
沟通合作	2.8.1 团队意识	基础英语1—4(M)、教育心理学(M)、英语写作1—3(H)、英语教学论1—3(H)、毕业实习(M)、口译基础(M)	直接评价:课程考试结果性评价、过程性评价、表现性评价、综合性评价	《外国语学院毕业要求达成情况评价方案(试行)》和《外国语学院课程目标达成情况评价方案(试行)》	每学期/学院教学委员会、教学副院长、教研室主任	期末考核和平时考核记录	0.85达成
	2.8.2 合作技巧	基础英语1—4(M)、教育心理学(M)、英语写作1—3(H)、英语教学论1—3(H)、毕业实习(M)、口译基础(M)	同上	同上	同上	同上	0.85达成
	2.4.3 沟通能力	基础英语1—4(M)、教育心理学(M)、英语写作1—3(H)、英语教学论1—3(H)、毕业实习(M)、口译基础(M)、毕业论文(M)、英语口语1—4(M)	同上	同上	同上	同上	0.84达成

由表 3-52 可见，沟通合作三个分指标点的达成值分别是团队意识 0.85、合作技巧 0.85 和沟通能力 0.84，平均值为 0.85，三个分指标点的达成值和整体达成值均超过 0.70。此外，高、中支撑课程重视对学生沟通合作能力的培养，学科专业核心课程中设置有多次小组合作学习或任务，实践教学环节强调沟通合作的重要性，与同学、实习基地、校内外指导教师、学生等的实际沟通合作体验较多，构建起了较强的沟通合作能力；学院每年的师范生试讲指导工作也强调学生的沟通合作，彼此互通有无、相互帮助，促进教学能力的共同提升；学生在教育实践、志愿活动、社团活动等中表现出了较强的沟通合作能力，实习基地和用人单位等对师范生的此能力比较认可。综合来看，表明该毕业要求达成。

八个毕业要求的直接评价达成值分别为 0.83、0.85、0.85、0.85、0.83、0.86、0.85、0.85，平均值为 0.85，均高于毕业要求达成情况评价小组设定的达成期望值 0.70。

三、外国语学院英语专业毕业要求达成间接评价结果

基于毕业要求分解指标点的内涵，由专业毕业要求达成情况评价小组共同编制评价问卷，对本专业 2022 届全体毕业生、相关教师等实施问卷调查。其中，发放给 2022 届师范毕业生问卷 83 份，收回 82 份；发放给相关教师问卷 50 份，收回 49 份。经梳理各类问卷和专业毕业要求达成情况评价小组共同研讨核算：毕业要求达成值（2022 届师范毕业生问卷与访谈）为 0.95；毕业要求达成值（相关教师问卷与访谈）为 0.91。毕业要求间接评价达成平均值为 0.93。

四、外国语学院英语专业毕业要求达成情况综合评价结果

依据《外国语学院英语毕业要求达成情况评价方案（试行）》和经毕业要求达成情况评价小组研究决定，对基于综合成绩的课程直接评价结果和基于问卷调查的间接评价结果分别赋权 0.7 和 0.3，最后计算出本专业毕业要求综合达成值，即八个毕业要求直接评价达成平均值 ×0.7+间接评价达成平均值 ×0.3。本专业最近一届毕业生毕业要求的综合达成值为 $0.85 \times 0.7 + 0.93 \times 0.3 = 0.87$，以较大幅度超过本专业毕业要求达成期望值（0.70），表明我院英语师范专业毕业要求达成情况整体较好（表 3-53）。

表3-53　2022届毕业生毕业要求达成情况评价结果

毕业要求	毕业要求达成情况评价方法		达成期望值	综合达成值
	直接评价（70%）	间接评价（30%）		
毕业要求1	基于课程综合成绩进行定量评价(达成平均值为0.85)	基于学习者体验的自我定性评价及相关教师评价(达成平均值为0.93)	0.70	0.87
毕业要求2				
毕业要求3				
毕业要求4				
毕业要求5				
毕业要求6				
毕业要求7				
毕业要求8				

五、外国语学院英语专业毕业要求达成存在的主要问题

2.1 [师德规范]

（1）学科专业课程教学融入师德规范还不够充分。当前的师德规范教育主要体现在学校的通识教育课程和本专业的教师教育课程,而学科专业课程的师德规范元素融入不够全面,挖掘深度还不够。

（2）教师对提升学生师德规范认知比较侧重,在提高学生的师德认同和促进学生的师德行为方面还不够有力,师德认同和师德行为的评价相对较弱。

2.2 [教育情怀]

（1）部分学生对英语教师以及教育事业的内生动力不足,对英语教师的职业性、专业性和基础性存在认识上的偏差,投身教育事业的热情还不够高。

（2）对毕业生教育情怀的跟踪调查力度还不够,相关数据分析不足。

2.3 [学科素养]

（1）一些学生对学科内课程之间知识结构体系的认识还不够清晰,未能充分理解先修课程、基础课程对专业课程的支撑作用。

（2）由于我校为地方新建本科院校,学生英语基础较为薄弱,在一定程度上影响了学科素养的达成绩效。本专业不少学生来自重庆、四川欠发达地区,英语听、说、读、写能力有所欠缺,学科素养形成需突破的

障碍更多。

（3）学生的基础教育教学研究能力还较弱。

（4）专业课教师过多关注学科专业体系，对中学英语教育教学的研究力度还不够。

（5）学生参加各级各类学科竞赛的积极性还不够高。

2.4［教学能力］

（1）学生的教育技术水平还不够高。

（2）一些学生对教材与课程标准等的研究还不够深入，对基础教育的新变化与新要求追踪还不够及时和深入。

（3）学生进入中小学课堂的机会还比较少，实操力度还不够。

（4）学生教学实践的反思深度还不够，教师反馈不够细致，评价还较为粗放。

2.5［班级指导］

在构建学生的班级指导能力方面更为侧重理论学习，实践机会较少。

2.6［综合育人］

（1）学生对综合育人内涵的认识还比较模糊，育人方法还较为单一。

（2）中学接受学生实践的机会不多，师范生去中学实践综合育人不充分，对中学生身心发展规律的真实情况了解不够充分全面。

2.7［学会反思］

（1）让学生了解国内外外语教育发展趋势和前沿动态的课程、讲座还不够充分，以至于学生依据专业前景反思自身学习和规划自身发展缺乏一定的指导。

（2）一些学生的批判性思维能力还不够强，在批判性分析教育问题、中学英语教育教学研究、课程学习反思等方面还存在一定的不足。

2.8［沟通合作］

（1）部分学生性格较为内向或习惯独来独往，合作意识不强；部分学生在课堂上与教师的互动也不够，积极性不高。

（2）部分课程教学偏重讲授法，学生小组合作探究训练不足；有的课程虽有小组合作，但教师的小组任务设计不够科学，指令不够清晰，小组成员之间的沟通合作质量不高。

六、外国语学院英语专业毕业要求达成改进措施

2.1 [师德规范]

（1）开展师德规范融入课堂教学专题教研活动，举办师德规范相关讲座，探究师德规范融入课堂教学的有效模式。

（2）举办以师德规范评价为主题的讲座和研讨活动，促进教师对师德规范评价的认识，特别是通过相关讲座与研讨，帮助教师掌握师德认同和师德行为评价的有效方式。

2.2 [教育情怀]

（1）更为深入地开展职业教育，让学生更充分地认识到教师职业的光辉性和发展前景，使学生对教师职业的了解更深刻、更正面，激发其从教热情和动力。

（2）形成毕业生教育情怀跟踪调查机制，搜集充足的数据进行细致分析，了解毕业生的教育情怀状况，并根据调研结果提出有效的改进办法。

2.3 [学科素养]

（1）要求任课教师为学生讲解学科内课程之间的知识结构体系，使学生明晰选修课程、基础课程等对所学课程的支撑作用，使学生对课程群、相关知识与能力之间的关系形成清晰的认识。

（2）加强学生英语听、说、读、写等基本功的训练，形成课前、课中、课后一体化督导学习机制，尽力帮助学生提升英语基础，特别是须重点关注暂时落后的学生。

（3）要求教师在讲授专业课时适当融入对奠基学生基础英语教育教学研究能力有益的要素；在进行相关课程教学时，要求教师须重视学生基础教育教学研究能力的初步构建，为毕业论文的撰写工作奠定坚实的基础。

（4）要求专业课教师对基础英语教育教学展开一定的研究，鼓励教师将科研成果融入教学之中，学院构建专业课教师实施基础英语教育教学研究激励机制。

（5）学院进一步完善学生参加各级各类学科竞赛的机制，营造良好氛围，大力提升学生的参赛率，更好地发挥以赛促学的作用。

2.4 [教学能力]

（1）进一步深化学生的教育技术水平，提升学生微课、教学PPT等的制作质量。

（2）加强学生对教材、课程标准等的研习深度，教师在授课时适时为学生讲解基础教育的新变化与新要求，提高邀请中学资深教师进行相关主题讲座的频率。

（3）学校、学院与中学深化合作，为学生争取更多的课堂教学机会。

（4）教师进一步帮助学生学会反思，在课堂教学与其他实践教学环节加大学生反思力度，构建更科学细致的反思评价机制。

2.5 [班级指导]

提升学生的班级指导理论转化水平，相关课程教师在教学时构建更多的能提高学生班级指导能力的活动，借助"双导师制""名师课堂"等增强学生对班主任工作的认知与体验。

2.6 [综合育人]

（1）加深学生对综合育人内涵的理解，丰富学生的综合育人方法。

（2）学校和学院为学生争取更多的综合育人实践机会，让学生在教学实践中增强其对综合育人的认知与体验，使学生对教育对象身心发展规律的了解更全面、更深入。

2.7 [学会反思]

（1）学院安排更多的国内外外语教育发展趋势和前沿动态的课程、教学内容和讲座，促进学生对自身学习与职业规划进行科学反思，促进学生的专业学习与职业发展。

（2）在进行相关课程教学时，教师应重视提高学生的批判性思维能力，帮助学生在教育问题、中学英语教育教学、课程学习、实践教学等方面进行更高质量的反思。

2.8 [沟通合作]

（1）对于性格较为内向或习惯独来独往的学生，教师应特别关注并与之进行交流，让其认识到沟通合作对专业学习和未来职业发展的重要作用。

（2）教师在进行教学时应加大学生沟通合作学习的比例，教师在设计小组合作任务时应尽力使设计更科学，发布的小组合作学习指令须清晰，充分保证学生小组合作任务的质量，强化学生的沟通合作能力。

第四章

师范类专业认证质量保障体系
外部评价的机制与实践

第一节　毕业生持续跟踪反馈机制

根据学院制定的《外国语学院毕业生跟踪调研实施细则》,本专业成立毕业生反馈工作小组。由学院领导组织,学工办主要负责毕业生跟踪调查工作,辅导员辅助。具体见表4-1。

表 4-1 毕业生持续跟踪反馈机制

责任机构	英语专业毕业生跟踪调查工作由毕业生反馈工作小组负责,工作小组组长由分管学生工作的党总支书记和教学副院长担任,组员为系(教研室)主任、辅导员、教学秘书、专任教师代表等
调查周期	每届毕业生跟踪调查四次。第一次为毕业当年,调查覆盖70%以上毕业生;第二次为毕业后第 3 年,调查覆盖50%以上毕业生;第三次为毕业后第 5 年,调查覆盖30%以上毕业生;第四次为毕业后8 ~ 10年,调查覆盖10%以上毕业生
调查对象	全体毕业生
调查方法	走访用人单位,毕业生电话、座谈、网络调查问卷等

续表

调查内容	第一次进行人才培养质量及就业满意度调查,主要包括毕业生在校期间综合素质能力自我评价;毕业生择业情况,就业情况;对目前工作及岗位的评价;对专业培养在工作中影响程度的评估;对专业课程设置、基础课程设置、就业工作的评价及建议。第二次为毕业生毕业后 3 年跟踪调查,主要包括毕业生就业情况;结合工作所需对我院专业课程设置、基础课程设置、就业工作的评价及建议;对专业人才培养合理性进行调研。第三次毕业生毕业后 5 年跟踪调查,主要包括毕业生就业情况;结合工作所需对我院专业课程设置、基础课程设置、就业工作的评价及建议;对专业人才培养目标达成情况进行调研。第四次毕业生毕业后 8 ~ 10 年跟踪调查,主要包括毕业生就业情况;结合工作所需对我院专业课程设置、基础课程设置、就业工作的评价及建议;对专业人才培养目标达成情况进行调研
结果利用	每次调查结束后,结合用人单位提出的意见和建议召开院长办公会,提出整改措施,推动培养目标的修改,促进教学及学生管理工作,提高办学质量和效益

最近一次毕业生的跟踪调查情况:

为了推动师范类专业人才培养质量的持续提升,学院于 2022 年 3—4 月对 2019—2021 届英语专业毕业生进行了跟踪调查(表 4-2)。通过调研了解 2019—2021 届英语专业毕业生目前的就业情况、职业发展历程、对人才培养过程的评价及建议,形成了《外国语学院英语专业 2019—2021 届就业质量报告》,为英语专业人才培养情况提供反馈,进而为英语专业调整专业结构、优化人才培养、更好地建设高素质专业化创新型教师队伍提供科学依据和建议。

表 4-2　2019—2021 届英语专业毕业生中长期发展跟踪调研样本情况

届次	毕业生总人数	答卷回收数	回收率
2019	103	81	78.64%
2020	95	68	71.58%
2021	111	96	86.49%
总计	309	245	79.29%

通过对 2019—2021 届英语专业毕业生的统计结果进行分析,可得出以下结论:

(1)培养目标

课程设置与工作的关联性:2019—2021 届毕业生对学校培养目标和课程设置的认可度较高,达 82.04%。其中,48.16% 的毕业生认为课程设置与工作需求很符合,33.88% 的毕业生认为课程设置与工作需求符合。这说明人才培养方案设置的课程对毕业生在工作中的帮助较明显。

毕业要求的达成度:在对毕业要求中学科素养、学习与发展能力、综合育人能力、沟通与合作能力的培养中,2019—2021 届毕业生达成度总体评价较高。79.59% 的毕业生认为学科素养能力非常重要,81.63% 的毕业生认为学习与发展能力非常重要,82.86% 的毕业生认为综合育人能力非常重要,83.67% 的毕业生认为沟通和合作能力非常重要。

（2）就业情况

就业地区:2019—2021 届毕业生中 68.88% 就业地区为重庆,14.29% 为四川、云南、贵州、西藏等西南地区,16.73% 在其他省份,这些数据与本专业"立足重庆,面向西南"的专业定位相符合。

就业职业:2019—2021 届非在读研究生毕业生中,所从事的职业主要为"教育 / 培训类"（62.56%）。

就业单位:2019—2021 届毕业生主要流向单位类型为"中学（初中和高中）"（41.23%）,其次为"小学"（14.22%）,培训机构占比为 7.11%。2019—2021 届毕业生中,56.33% 从未换过工作,换过一次工作的占比为 26.53%,总体上看,就业工作地偏僻、从非教师行业向教师行业跳槽及从教育培训机构考进公办教育岗位是换工作的主要原因。

就业结果:2019—2021 届毕业生工作现状总体满意度为 95.51%,其中,39.59% 对当前工作很满意,29.39% 对当前工作满意,26.53% 对当前工作基本满意。毕业生的专业相关度为 95.92%,其中 2021 届毕业生的专业相关度达到 100%;毕业生对职业发展前景的满意度为 89.80%,其中 2021 届毕业生对职业发展的满意度达到 98.96%。

（3）职业能力发展情况

近三年毕业生调研数据显示,2019—2021 届毕业生从事英语教学、教研、管理工作的占比 69.46%;93.76% 认同中学英语教师工作的专业性和重要性;93.23% 热爱中学教育事业;89.06% 认同英语学科育人价值;85.42% 认为自己的英语语言基础知识和技能很好或比较好;85.94% 认为自己的教育教学专业知识很好或比较好;84.90% 认为自己的英语教育教学能力很好或比较好;81.25% 认为自己的班级工作安排和组织能力很好或比较好;79.17% 认为自己的教研教改能力很好或比较好;85.90% 对自己的教师素质总体评价为很好或比较好。这些调研数据表明,我院毕业生职业能力较好,能够较好地达到人才培养目标的职业能力要求。

（4）毕业生反馈意见

关于英语师范专业发展还需要在哪些方面加强和改进，2019—2021届毕业生的意见反馈显示，占比最高的是社会实践（含实习），达到84.08%，其次是师范生技能素质的提升，占76.73%，专业教师教学能力占76.73%，课堂教学设计能力占74.29%。数据显示，学生比较关注的是实践实习等锻炼机会、师范生技能素质的提升、课堂教学设计能力以及专业教学能力的提升。因此，学校和学院可通过以下措施来提升学生的专业技能和教学经验：重视师范生技能训练培育，定期举办专业技能比赛、说（讲）课大赛；拓宽实习基地，增加实习时间，严格把控实习质量；增设实践性强的课程，提升师范生的教学水平；逐步改善实验教学设施设备，改善实验教学条件。

第二节　利益相关方的多元社会评价机制

各利益相关方对毕业生质量评价关系到我院如何更好地开展教育教学改革，提高教学质量，以培养高素质应用型技能人才的办学目标。为顺应教育教学改革需要，了解社会发展需求，提高专业人才培养质量，使我院教育管理工作走向科学化、制度化、系统化，学院制定了《外国语学院人才培养社会评价实施细则》，研制了"外国语学院英语专业毕业要求达成情况调查问卷（用人单位卷）""重庆文理学院英语专业培养目标合理性调查问卷（用人单位卷）""重庆文理学院英语专业培养目标合理性调查问卷（教育主管部门卷）"以及"人才培养方案调研访谈提纲（用人单位）"。学院还将持续加大力度，创建更加完善和全面的多元社会评价机制，与毕业生跟踪反馈机制有机结合，为学院人才培养工作的改进提供更多更可靠的依据。毕业生多元社会评价机制具体内容见表4-3。

表4-3　毕业生多元社会评价机制

责任机构	英语专业毕业生多元社会评价工作由毕业生多元社会评价执行小组负责,工作小组组长由分管学生工作的党总支书记和教学副院长担任,组员为系(教研室)主任、辅导员、教学秘书、专任教师代表等
调研时间	每年4～6月
调研对象	用人单位、教育行政部门等各利益相关方
调研内容	用人单位调研内容: 1.用人单位对毕业生需求调研; 2.用人单位对毕业生能力素质及适应情况调研; 3.用人单位对专业人才培养的意见和建议 教育行政部门调研内容: 1.专业人才培养方案合理性调研; 2.区域社会需求调研; 3.专业人才培养及专业发展意见和建议
信息收集渠道	走访、电话、座谈、网络调查问卷等
结果利用	每次调研结束后,结合毕业生跟踪反馈制度的意见和建议召开专题会议,提出整改措施,推动培养目标的修改,促进教学及学生管理工作,提高办学质量和效益

最近一次社会评价的开展情况:

最近一次对毕业生的社会评价是对本专业2019—2021届毕业生开展的用人单位和教育主管部门对专业培养目标合理性和毕业生满意度(毕业要求达成情况)的调查,通过访谈、问卷调查等方式进行。

调研结果:

(1)服务面向的调研结果

调研结果显示本专业培养目标的服务面向"立足重庆,面向西南"比较合理,93.75%教育行政部门和97.04%用人单位均认为本服务面向非常合理或比较合理。调研结果显示,从近三年的就业分布地区看,68.88%以上集中在重庆,14.29%在四川、贵州、云南等地,另外16.73%在其他地区,说明本专业服务面向定位"立足重庆,面向西南"比较合理且能够达成。

(2)职业能力的调研结果

关于职业能力,教育行政部门和用人单位均认为达成度较高,达到95%以上。在践行社会主义核心价值观、立德树人、遵守中学教师职业道德规范、实践"四有"好老师、爱岗敬业、乐于奉献、热爱中学教育事业等方面,用人单位对我专业毕业生满意度均达到100%,非常满意度超过82%;超过80%的用人单位认为我专业毕业生英语语言知识技能和文化知识非常好;超过77%的用人单位认为我专业毕业生的教育教学专业知识、中学英语教学能力和班级建设管理能力非常好。

（3）人才定位的调研结果

调研结果显示本专业培养目标定位"能够在中学和其他教育机构从事英语教学及相关教育工作的中学英语骨干教师",教育行政部门和用人单位均认为合理性较高,比较合理或非常合理均达到90%以上。调研数据显示,2016—2018届毕业生成为英语骨干教师的比例为47.90%,其中2018届毕业生(毕业4年)成为骨干教师的比例为34.88%,2017届毕业生(毕业5年)成为骨干教师的比例为51.22%,2016届毕业生(毕业6年)成为骨干教师的比例为71.43%。该评价结果表明本专业毕业生凭借自身良好的综合素质和工作能力获得了教育行政部门和用人单位的认可,赢得了良好的社会声誉,普遍认为培养目标中要求的各项职业素质和能力本专业毕业生均已达成。

第三节　培养目标达成的评价策略

根据学校《重庆文理学院人才培养目标评价实施办法(修订版、试行)》,学院制定了《外国语学院英语专业人才培养目标合理性评价实施细则》和《外国语学院英语专业人才培养目标达成情况评价实施细则》,明确了培养目标达成情况评价的评价依据、评价对象、评价方式、评价周期和评价结果的利用等。培养目标达成评价采用直接和间接评价结合、定性与定量评价结合、内部与外部评价结合的办法,结合人才培养目标科学设置评价项目以及调查问卷、访谈提纲等,合理运用自查反思、调研咨询、交流研讨、问卷调查、访谈座谈、电话访谈等方式,全面、有效地评价人才培养目标达成情况。通过对毕业生跟踪反馈机制和多元社会评价机制运行获取的信息进行分析,每4年开展一轮人才培养目标达成度评价表4-4,形成英语专业人才培养目标达成度评价报告。

表4-4　培养目标达成情况评价机制

责任机构	英语专业人才培养目标达成情况评价小组,由院长担任组长,成员包括书记、副院长、系(教研室)主任、教学督导、专业负责人、辅导员以及毕业生代表、教学秘书等
评价依据	专业设定的人才培养目标,即该专业学生毕业后五年左右在社会和专业领域的发展预期
评价对象	英语专业毕业五年左右的毕业生
评价方式	采用直接和间接评价结合、定性与定量评价结合、内部与外部评价结合的办法,结合人才培养目标科学设置评价项目以及调查问卷、访谈提纲等,合理运用自查反思、调研咨询、交流研讨、问卷调查、访谈座谈、电话访谈等方式,全面、有效地评价人才培养目标达成度
评价内容	毕业生调研:对毕业生的调研要尽可能做到全覆盖,且有效参与率原则上60%左右。调研内容主要包括:从业单位及行业、所聘岗位、岗位角色、职业发展、业绩成就、薪资水平以及自身满意度评价等。对毕业生的调研采取线上线下相结合,运用问卷调查、专题座谈、专项访谈、返校交流等方式进行。用人单位调研:选择拟调研的用人单位要具有广泛的代表性,包括接收了被调研专业毕业生的单位及行业主管部门。对用人单位的调研内容主要包括:被评专业毕业生的职业道德、政治素养、业务水平、综合素质与能力、职场竞争力、人才需求建议等。对用人单位的调研采用问卷调查、专题座谈、专项访谈、邀请来校交流等方式进行
评价周期	每四年开展一轮人才培养目标达成度评价;每年召开一次人才培养目标达成研讨会,阶段性地评价培养目标达成情况
评价结果利用	学院对培养目标达成度评价结果进行综合分析,经过学院教学指导委员会审核,提出改进意见,形成评价报告。评价记录和评价报告由学院保存,评价报告结果直接作用于培养目标与毕业要求的修订与完善,进而指导专业课程设置、教学内容、教学方法等各个环节的持续改进

培养目标达成情况评价详细流程如图4-1所示。

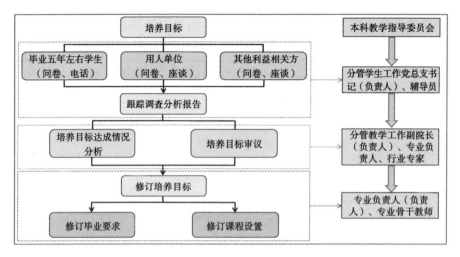

图 4-1　培养目标达成情况评价流程图

本专业最近一次人才培养目标达成度评价报告(2019—2021届英语专业毕业生),抽样调查结果显示各个培养目标的达成度介于0.81 ~ 0.94,平均值为0.86。调查结果表明,培养目标能够达成。评价结果纳入下一次培养方案修订及教学改进工作中,力求不断改进和提高培养质量,使之更有助于学生专业素质的提高,更符合学生个体发展需要和用人单位需要。

第四节　质量保障体系外部评价存在的问题及改进措施

一、存在的主要问题

(一)利益相关方参与评价的认识不足

过去的外部评价表明,由于毕业生的地理分布广泛以及单位之间联系较少等原因,部分中学、地方教育局等利益相关方在参与评价过程中对部分内容缺乏充分地理解,这可能是由于信息传递不畅或评价标准解释不充分导致的。这种理解上的不足可能导致某些数据的不准确性。例如,对于毕业生在职业生涯中的表现评价,若不同的评价者对评判标准理解和把握不统一的话就可能导致数据的误差,进而影响评价结果的有效性。

(二)毕业生跟踪反馈机制运行效率不够高

毕业生的职业发展跟踪反馈是评价教育质量的重要方面。然而,当前的机制运行效率还不够高,未能做到及时更新毕业生的职后信息。信息的滞后缺乏意味着学校无法快速响应市场变化、适应社会和行业的需求,调整教育内容和培养模式。

(三)社会评价机制的多元性还存在一些不足

虽然社会各界对教育评价机制的需求日益增长,但如何集成多方评价、提高参与度、拓宽覆盖面,以及如何增加评价的层次性,仍然是一个挑战。尽管学校已经建立了包括教育行政部门、用人单位等在内的多元社会评价机制,但其参与度、覆盖面和层次性仍然有限。评价结果不能全面客观地反映社会对教育质量的需求,在为教育质量改进提供有效的数据支持方面还有待加强。

二、改进措施

为了进一步改进和提升培养质量,学院将采取以下措施。

(一)提升利益相关方的参与度

学院充分发挥主导作用,建立有效的联络机制,以提高各利益相关方参与评价的积极性。这包括加强与地方教育行政部门的交流合作,通过定期的座谈会来获取更全面的人才培养信息,从而优化人才培养模式和课程设置。此外,学院将进一步加强与校友的联系,如定期邀请杰出毕业生返校分享其成功经验和成长历程,这不仅能激发在校学生的学习热情,还能为学院提供宝贵的一手信息,有助于教育质量的持续提升。

（二）建立稳定的沟通渠道

以班级为单位建立毕业生个人档案,包括联系方式、就业及考研情况等信息,并通过建立毕业生微信群和QQ群等社交媒体渠道,由辅导员和实习指导教师作为管理员,维护和更新这些信息。每年对毕业生档案进行核实,确保信息的准确性和及时性。通过这种方式,学院可以持续跟踪毕业生的发展状况,及时获取反馈。

（三）进一步细化和完善多元社会评价机制

重视社会各界、用人单位以及专家的意见,结合同行评议,形成统一的评估结论,并向社会公布。引入国内外成熟的经验、办法,充分利用学校各部门、教师和学生的评价主体作用,全面建立学校质量管理、质量监控与评价的新机制。同时,加强教育行政部门的参与,通过访问和调查,从宏观角度评估社会对本专业人才培养质量的期望与需求。在评价过程中增加样本数量,以更广泛、更有层次性的方式进行调研,不仅覆盖省内用人单位,还包括省外的一些用人单位,并设计有针对性的调研方式,以获取有利于改进培养方案和目标的基础数据。

通过这些措施的实施,学院将能够更好地响应社会需求,提高培养质量,为学生的全面发展和未来就业提供坚实的基础。

第五节　实践案例与经验分享

一、制定了毕业生持续跟踪反馈机制

学院制定了《外国语学院毕业生跟踪调研实施细则》（见本节材料1）,本专业成立毕业生反馈工作小组,由学院领导组织,学工办主要负责毕业生跟踪调查工作,辅导员辅助,于2022年3—4月对2019—2021届英语专业毕业生进行了跟踪调查。通过调研了解2019—2021

届英语专业毕业生目前的就业情况、职业发展历程、对人才培养过程的评价及建议,形成了《外国语学院英语专业 2019—2021 届就业质量报告》(见本节材料 2),为英语专业人才培养情况提供反馈,进而为英语专业调整专业结构、优化人才培养,更好地实现高素质专业化创新型教师队伍提供科学依据和建议。

材料 1:

外国语学院毕业生跟踪调研实施细则

为全面、准确了解我院毕业生培养及就业质量和社会对人才需求的情况,为我院的教育教学改革提供参考意见,使我院的人才培养修订工作走向科学化、制度化、系统化,特制定本实施细则。

一、指导思想

建立健全毕业生跟踪调查制度,是实现完善办学特色,深化教育教学改革的必然要求。毕业生的质量不仅关系到学校的教育质量、信誉和知名度,更是社会衡量学校办学水平高低的标准。建立毕业生跟踪调查制度,目的是动态掌握用人单位和毕业生对我院在人才培养方面的意见和建议,了解我院教育教学质量实际水平,及时调整专业设置和课程体系,有针对性地改进我院教育教学工作。其宗旨是从实际出发,实事求是地了解情况,反映情况,结合学院实际为教育教学的改革提供真实、可靠的反馈信息。

二、组织架构

组长:分管学生工作党总支书记(或副书记)、教学副院长

成员:系(教研室)主任、辅导员、教学秘书、专任教师代表

三、调查范围

每届毕业生跟踪调查 4 次。

第一次为毕业当年,调查覆盖 70% 以上毕业生;

第二次为毕业后第 3 年,调查覆盖 50% 以上毕业生;

第三次为毕业后第 5 年,调查覆盖 30% 以上毕业生;

第四次为毕业后 8—10 年,调查覆盖 10% 以上毕业生。

四、调查内容

(一)第一次——人才培养质量及就业满意度调查

(1)毕业生在校期间综合素质能力自我评价(思想道德品质、职业

道德素质、专业素质及技能等）；

（2）毕业生择业情况，就业情况；

（3）对目前工作及岗位的评价；

（4）对专业培养在工作中影响程度的评估；

（5）对专业课程设置、基础课程设置、就业工作的评价及建议。

（二）第二次——毕业生毕业3年跟踪调查

（1）毕业生就业情况（工作单位、工作岗位、工作能力、工作职称，待遇福利）；

（2）结合工作所需对我院专业课程设置、基础课程设置、就业工作的评价及建议；

（3）对专业人才培养合理性进行调研。

（三）第三次——毕业生毕业5年跟踪调查

（1）毕业生就业情况（工作单位、工作岗位、工作能力、工作职称、待遇福利）；

（2）结合工作所需对我院专业课程设置、基础课程设置、就业工作的评价及建议；

（3）对专业人才培养目标达成度进行调研。

（四）第四次——毕业生毕业8—10年跟踪调查

（1）毕业生就业情况（工作单位、工作岗位、工作能力、工作职称、待遇福利）；

（2）结合工作所需对我院专业课程设置、基础课程设置、就业工作的评价及建议；

（3）对专业人才培养目标达成度进行调研。

五、调研时间

（1）第一次毕业生调研：每年5—6月；

（2）第二、第三、第四次毕业生跟踪调研：9—11月。

六、调研形式

（1）网络调查问卷等形式；

（2）毕业生座谈。

七、责任部门及职责

毕业生跟踪调查工作由党总支书记（副书记）和教学副院长牵头，辅导员和教学秘书主要开展实施，根据调研时间和调研要求设计调研问卷。重视毕业生跟踪调查的信息反馈、收集整理、分析总结并撰写调查报告。及时掌握毕业生在用人单位的就业状况,走向工作岗位后的思想品德,以及在工作实践中专业技能和专业知识的运用情况,结合实际情况提出关于教育教学改革的建议和意见报送院长办公会。

八、调查结果汇总和利用

每次调查结束后,结合用人单位提出的意见和建议召开院长办公会,提出整改措施,推动培养目标的修改,促进教学及学生管理工作,提高办学质量和效益。

外国语学院
2020 年 10 月

材料 2:

外国语学院英语(师范)专业 2021 届就业质量报告

一、数据整体情况

1. 总体规模

本报告基于重庆文理学院 2021 届英语(师范)专业毕业生数据,结合外部就业环境现状,从毕业去向、职业类型、就业地点和月收入等方面分析 2021 届英语(师范)专业毕业生 111 人的现状情况。本次调查报告数据来源为在线问卷调查问卷反馈,共 96 人,调查率 86.49%,较为客观地反映毕业生的实际情况。

2. 性别结构(表 4-5)

2021 届英语(师范)专业毕业生 111 人,此次问卷共 96 人参与,其中男生 5 人,占比 5.21%,女生 91 人,占比 94.79%(表 4-5)。

表 4-5　性别结构在线问卷调查统计表

选项	小计	比例
男	5	5.21%
女	91	94.79%
本题有效填写人次	96	

二、就业情况

1. 毕业去向及职业类型

2021届英语(师范)专业毕业生中,77.08%已就业。其中,44.79%在教育行业就业(33.33%在中学教育,4.17%在小学教育,7.29%在培训机构就业);无人创业,32.29%在其他公司企业就职,9.38%升学(表4-6)。

表 4-6 毕业去向及职业类型在线问卷调查统计表

选项	小计	比例
研究生在读	9	9.38%
中学教育	32	33.33%
小学教育	4	4.17%
培训机构	7	7.29%
创业	0	0%
企业	31	32.29%
待业	4	4.17%
其他	9	9.38%
本题有效填写人次	96	

2. 就业地点

2021届毕业生中,62.5%的大学生选择留在重庆,同时兼顾分布在四川、云南、贵州等地,25%在其他省份较为广泛(表4-7)。

表 4-7 就业地点在线问卷调查统计表

选项	小计	比例
重庆	60	62.5%
四川	8	8.33%
云南	1	1.04%
贵州	2	2.08%
西藏	1	1.04%
其他省份	24	25%
本题有效填写人次	96	

三、就业质量

1. 现状满意度

教师正成为越来越多人的理想职业,教师工作稳定,福利待遇较好,社会地位高,毕业生现状满意度较高,2021届毕业生对当前工作满意度高,对现状很满意的 67.71%,满意的 19.79%,基本满意的 12.5%,无不满意的(表 4-8)。

表 4-8　现状满意度在线问卷调查统计表

选项	小计	比例
很满意	65	67.71%
满意	19	19.79%
基本满意	12	12.5%
不满意	0	0%
本题有效填写人次	96	

2. 职业发展满意度

毕业生入职后发展满意度与职业期待、职业环境、岗位适应能力、岗位胜任度等均有关系,同时也受当前的就业形势的一定影响。2021届英语(师范)毕业生职业发展满意度中,很满意的 60.24%,满意的 26.04%,基本满意的 12.5%,总体满意度较高。这体现了 2021 届毕业生总体发展较好,能在岗位上得到锻炼、晋升、提升机会,实现个人价值(表 4-9)。

表 4-9　职业发展满意度在线问卷调查统计表

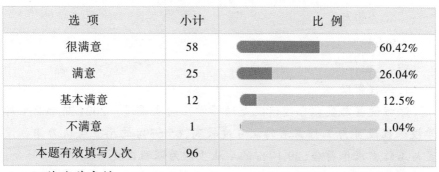

选 项	小计	比 例
很满意	58	60.42%
满意	25	26.04%
基本满意	12	12.5%
不满意	1	1.04%
本题有效填写人次	96	

3. 就业稳定性

2021届毕业生中从未换过工作的占比达 76.04%,换过一次工作的占 19.79%,换过两次及以上工作的占 1.04%,其他的占 3.13%,就业稳定性高。总体看，就业工作地偏僻，从非教师行业向教师行业跳槽及从教育培训机构考进公办教育岗位是换工作的主要原因（表4-10）。

表4-10　就业稳定性在线问卷调查统计表

选项	小计	比例	
从未换过	73		76.04%
换过1次	19		19.79%
换过2次	1		1.04%
其他	3		3.13%
本题有效填写人次	96		

4. 所学专业与目前所从事工作或研究生学习的相关度

当前大学生就业竞争激烈，受教师行业待遇好、假期多、教师资格证开放考取等因素影响，导致进入教师行业竞争格外激烈。收入高、工作稳定、工作压力是毕业生从事与专业相关度高的主要原因。2021届毕业生总体就业相关度达100%，经过大学四年学习综合素质较强，具备从教能力（表4-11）。

表4-11　专业与就业或学习相关度在线问卷调查统计表

选项	小计	比例	
很相关	51		53.13%
相关	31		32.29%
基本相关	14		14.58%
不相关	0		0%
本题有效填写人次	96		

四、学校情况

1. 课程帮助

课程设置与实施合理情况是培养学生的主渠道。2021届毕业生对学校课程设置与工作需求的认可度较高，65.63%的毕业生认为课程设置与工作需求很符合，29.17%的毕业生认为课程设置与工作需求符合，5.21%的毕业生认为课程设置与工作需求基本符合。这说明人才培养方案设置的课程对毕业生在工作中的帮助较明显（表4-12）。

表 4-12 课程设置认可度统计表

选项	小计	比例	
很符合	63		65.63%
符合	28		29.17%
基本符合	5		5.21%
本题有效填写人次	96		

2. 能力培养

在对毕业生比较重要的学科素养能力、学习与发展能力、综合育人能力等方面的培养中,2021届毕业生总体评价符合度较高。占比重中,很重要的均达到 75% 以上(表 4-13、表 4-14、表 4-15、表 4-16)。

表 4-13 学科素养能力的重要性

选项	小计	比例	
很重要	77		80.21%
重要	18		18.75%
一般	1		1.04%
本题有效填写人次	96		

表 4-14 学习与发展能力的重要性

选项	小计	比例	
很重要	77		80.21%
重要	17		17.71%
一般	2		2.08%
本题有效填写人次	96		

表 4-15 综合育人能力的重要性

选项	小计	比例	
很重要	74		77.08%
重要	20		20.83%
一般	2		2.08%
本题有效填写人次	96		

表 4-16 沟通与合作能力的重要性

选项	小计	比例
很重要	78	81.25%
重要	17	17.71%
一般	1	1.04%
本题有效填写人次	96	

3. 反馈意见

2021届毕业生意见反馈中,总体上满意度达到98.96%(表4-17)。

表 4-17 2021届毕业生满意度统计表

选项	小计	比例
很满意	64	66.67%
满意	26	27.08%
比较满意	5	5.21%
不满意	1	1.04%
本题有效填写人次	96	

学生比较关注的是社会实践(含实习)、专业教师教学能力、师范生技能素质以及课堂教学设计能力等方面。因此,学校和学院可以通过以下措施,提升学生的专业技能和教学经验(表4-18):

(1)重视师范生技能训练培育,定期举办专业技能比赛、说(讲)课大赛;

(2)拓宽实习基地,增加实习时间,严格把控实习质量;

(3)增设实践性强的课程,提升教师教学水平;

(4)逐步改善实验教学设施设备,改善实验教学条件。

表 4-18 提升的具体措施统计表

选项	小计	比例
社会实践(含实习)	90	93.75%
专业教师教学能力	69	71.88%
师范生技能素质	79	82.29%
课堂教学设计能力	74	77.08%

续表

选项	小计	比例
学生活动或比赛等	71	73.96%
本题有效填写人次	96	

五、毕业生就业工作举措

1. 学校就业工作举措

（1）优化创新创业教育。可通过举办创新创业讲座或比赛，加大对学生创新创业活动的支持等方式，促进学生创新创业意识、思维和能力的提升，为学生创新创业意识的形成、发展奠定良好的基础。

（2）开拓就业市场。不断开拓就业市场，为学生引进和提供专业对口的高质量就业岗位。

（3）加强工作考核。学校形成目标指标，对各二级学院抓毕业生初始去向落实率和年末就业率严格考核。

2. 学院就业举措

（1）做好困难学生就业帮扶工作。学院领导班子深入就业推进工作一线，各专业实职对应到具体责任人，明确工作职责，从专业角度助力就业工作。与此同时，做好"四困生"（经济困难、学业困难、心理困难、就业困难）就业专项工作，建立困难学生帮扶台账，针对不同类型的困难学生，制订专项工作计划。

（2）拓展毕业生就业渠道。针对当前严峻的就业形势，除常规工作的开展以外，通过访企拓岗、校校联动、"点对点、人对人"等方式拓宽就业渠道为毕业生提供更多的选择。

（3）开展毕业生就业培训工作。开展毕业生就业能力提升培训，引导毕业生树立正确的就业观，注重专业对口、关注国家社会需要，自觉选择到中西部偏远地区教育岗位任职。

（4）健全就业工作激励机制。鼓励全员参与就业，营造"全员关心就业、全员参与就业"的工作氛围，制定毕业生就业激励办法。

六、对教育教学的反馈

毕业生就业信息与毕业生就业质量情况是人才培养质量的重要体现，也是促进教育教学改革的重要动力，对专业人才培养模式改革具有重要的反馈和借鉴意义。

1. 依托专业认证,推动专业内涵建设

以推进师范专业认证工作为契机,在完成英语(师范)专业认证试点的基础上,深化本专业实施"产出导向"培养改革。以毕业生学习效果为导向,对照毕业生核心能力素质要求,反向设计课程体系与教学环节,合理配置师资队伍和资源条件,全面评价毕业生培养质量。

2. 完善体制机制,提升创新创业能力

完善创新创业课程体系,建设一批高质量创新创业课程,打造一系列学生创新创业金课,促进专业教育与创新教育有机融合,支持教师将科研项目、学术前沿成果带入课堂,以科研促教学。

材料3:

外国语学院英语专业毕业生发展跟踪调查报告

为全面掌握英语专业学生发展状况,我院对 2016 年到 2018 年毕业的部分学生做了回访、问卷调查,反映学生专业发展方面的情况。本次有效参与问卷的三届学生共 177 人,其中男生 13 人,女生 164 人。学生毕业 4—6 年后,从事中小学教育等教师职业的 101 人,占比 57.07%。

一、问卷调查基本情况

(1)学生毕业后在立德树人、遵守中学教师职业道德规范方面做得很好的占比 73.45%,比较好的占 22.6%,一般的占 3.95%。

(2)在成为"四有"好老师的实践方面做得很好的占比 63.84%,比较好的占 26.55%,一般的占 9.6%。

(3)在"爱岗敬业、乐于奉献"的教育情怀方面做得很好的占比 68.93%,比较好的占 25.42%,一般的占 5.65%。

(4)在中学英语教师工作专业性和重要性的认同方面,学生做得很好的占比 66.67%,比较好的占 26.55%,一般的占 6.78%。

(5)学生在英语语言基础知识和技能学习表现方面,做得很好的占比 49.72%,比较好的占 34.46%,一般的占 15.25%,仅 0.56% 的认为做得不足。

(6)在语言文化和人文知识方面,做得很好的占比 53.11%,比较好的占比达 32.2%,一般的占 14.69%。

(7)在英语教育教学能力方面,做得很好的占比 45.76%,比较好的占 37.85%,一般的占 15.25%,觉得不足的占 1.13%。

（8）在班级管理方式方法方面的能力方面，做得很好的占比42.94%，比较好的32.77%，一般的占22.6%，不足的占1.69%。

（9）在班级常规工作的安排和组织方面的能力方面，做得很好的占比45.2%，比较好的占35.03%，一般的占18.08%，不足的占1.69%。

（10）在班级文化建设方面的能力方面，做得很好的占比44.63%，比较好的占35.59%，一般的占19.21%，不足的占0.56%。

（11）在英语学科育人价值的认同方面，做得很好的占比56.5%，比较好的占32.2%，一般的占11.3%。

（12）在了解学校文化和育人内涵方面，做得很好的占比53.11%，比较好的占34.46%，一般的占12.43%。

（13）在英语教学活动中达成育人目标的能力方面，做得很好的占比49.15%，比较好的占34.46%，一般的占16.38%。

（14）在组织英语主题社团活动的能力方面，做得很好的占比49.72%，比较好的占28.81%，一般的占19.21%，不足的占2.26%。

（15）对学生进行综合教育指导方面的能力，做得很好的占比49.72%，比较好的占31.64%，一般的占18.08%，不足的占0.56%。

（16）学生教学教研教改能力，做得很好的占比49.72%，比较好的占28.25%，一般的占21.47%，不足的占0.56%。

（17）终身发展和持续改进的意识，做得很好的占比54.24%，比较好的占31.64%，一般的占14.12%。

（18）对自己的教师素质的总体评价，做得很好的占比51.41%，比较好的占32.2%，一般的占16.38%。

（19）具备中学英语教师的素养方面，基本具备的占比86.44%，具备一些的占12.43%，不具备的占1.13%

（20）学生认为，学院英语（师范）专业毕业生在以下方面做得好：在师德规范方面超过70%，在教育情怀、学科素养、教学能力、综合育人方面超过60%，在班级指导、反思能力、沟通合作等方面超过40%。

（21）在问卷中，有超过半数以上的学生认为在班级指导、教学能力两个方面还需提升。

二、改进措施

（1）以推进师范专业认证工作为契机，深化本专业实施"产出导向"培养改革。以毕业生学习效果为导向，对照毕业生核心能力素质要求，反向设计课程体系与教学环节，合理配置师资队伍和资源条件，全面评价毕业生培养质量。

（2）学院将在教育教学活动中，注重英语专业知识提升的同时，通过英语讲课比赛、第二素质课堂等方式，强化师范生在英语语言基础知识和技能学习、班级管理方式方法方面的能力、教学教研教改能力、进行综合教育指导方面的能力。

材料4（表4-19）：

表4-19　近三年英语师范生毕业和就业情况统计表

年份	毕业生数	毕业率（%）	获学位率（%）	获得教师资格证书率（%）	初次就业率（%）	分类就业状况						
						考研升学	政府及事业单位（教育部门）	政府及事业单位（非教育部门）	国有企业	外企	其他企业	入伍
2019	103	100	100	100	86.41	14	61	3	0	0	25	0
2020	106	100	97.92	78.13	82.1	19	63	3	0	0	21	0
2021	89	100	99.10	76.57	91.01	8	33	4	0	0	44	1

材料5（表4-20）：

我院通过对英语（师范）毕业生用人单位走访并发放《用人单位满意度调查问卷》了解用人单位对我院毕业生工作能力评价。本次共发放问卷110份，回收问卷104份，有效问卷104份。问卷主要涉及用人单位对毕业学生的专业知识、专业技能、适应能力等的满意度。

表4-20　近三年用人单位对英语（师范）专业学生评价情况

评价项目满意程度	非常满意	比较满意	一般	比较不满意	非常不满意
专业知识	77	25	2	0	0
专业技能	81	20	3	0	0
基本工作能力	79	21	4	0	0

续表

评价项目 满意程度	非常满意	比较满意	一般	比较不满意	非常不满意
适应能力	83	17	4	0	0
学习能力	75	23	6	0	0
进取心	79	23	2	0	0
团结协作	79	23	2	0	0
总体表现	86	15	3	0	0

通过调研分析显示,用人单位对我院英语(师范)专业毕业生的评价较高,多项能力深受用人单位赞赏。从上表可以看出,用人单位对我校毕业生综合素质满意度达95%以上。可见学院对学生在综合素质的培养上有成效;对该专业毕业生学习能力评价相对较低,说明需要加强学生的教育培养。根据数据,我院将及时调整人才培养方案,培养学生均衡发展。

通过走访还了解到,用人单位对学生勤奋学习、踏实肯干、认真负责等品质积极高度评价,而且英语(师范)专业学生的文史哲功底非常扎实,专业功力深厚对其长远职业发展较好,毕业生在各区县教学比赛中获大奖很多,骨干教师很多,得到了用人单位的广泛好评。通过用人单位对我校毕业生的评价,可以看出我院毕业生具备良好的职业技能和职业素养,符合英语(师范)专业人才培养目标。

材料6:

外国语学院人才培养社会评价实施细则

为顺应教育教学改革需要,了解社会发展需求,提高专业人才培养质量,使我院教育管理工作走向科学化、制度化、系统化,特制定本实施细则。

一、指导思想

建立健全社会评价机制,是深化教育教学改革的必然要求。各利益相关方对毕业生质量评价不仅关系到我院的教育质量、信誉和知名度,也关系到我院如何更好开展教育教学改革,提高教学质量,实现培养高素质应用型技能人才的办学目标。建立社会评价工作制度,旨在通过调研各利益相关方,及时掌握我院教学质量水平,及时调整专业设置和开设课程,实现有针对性地改进我院教育教学工作的目的。

二、组织架构

组长:分管学生工作的党总支书记(或副书记)、教学副院长

成员:系(教研室)主任、辅导员、教学秘书、专任教师代表

三、调研对象

用人单位、教育行政部门等各利益相关方。

四、调研内容

(一)用人单位调研

1. 用人单位对毕业生需求调研;

2. 用人单位对毕业生能力素质及适应情况调研;

3. 用人单位对专业人才培养的意见和建议;

4. 毕业生在工作岗位先进典型事例与材料收集。

(二)教育行政部门调研

1. 专业人才培养方案合理性调研;

2. 区域社会需求调研;

3. 专业人才培养及专业发展意见和建议。

五、调研时间

每年4—6月为调研时间。

六、调研形式

走访、电话、座谈、网络调查问卷等。

七、责任部门及职责

此项工作由分管学生工作的党总支书记(或副书记)和教学副院长牵头,教学秘书和辅导员配合,系主任确定调研时间、内容、方式等具体事宜。根据各利益相关方反馈的信息,分析总结并撰写调研报告,以书面形式提交学院教学副院长,由教学副院长提交院长办公会进行研讨。

八、调研结果汇总和利用

每次调研结束后,结合毕业生跟踪反馈制度的意见和建议召开专题会议,提出整改措施,推动培养目标的修改,促进教学及学生管理工作,提高办学质量和效益。

外国语学院

2020 年 10 月

材料 7（表 4-21）：

表 4-21　各类社会评价信息原始记录清单

编号	时间	材料内容		新闻链接
1	2019.10.8	20 版人才培养方案	（新东方走访调研记录）	（略）
2	2019.10.9	20 版人才培养方案	（永川中学走访调研记录）	（略）
3	2019.10.9	20 版人才培养方案	（兴龙湖小学走访调研记录）	（略）
4	2019.10.10	20 版人才培养方案	（盐城师范学院交流学习新闻）	（略）
5	2019.10.15	20 版人才培养方案	（正兴中学走访调研记录）	（略）
6	2019.10.17	20 版人才培养方案	（学生代表座谈记录）	（略）
7	2019.11.16	20 版人才培养方案	（学生代表座谈记录）	（略）
8	2019.11	毕业要求达成情况	（毕业生问卷报告）	（略）
9	2019.11	毕业要求达成情况	（用人单位问卷报告）	（略）
10	2020.1.8	20 版人才培养方案	（兴龙湖中学走访调研新闻）	（略）
11	2020.4.7	20 版人才培养方案	（校友代表访谈记录）	（略）
12	2020.4	培养目标合理性	（毕业生问卷报告）	（略）
13	2020.4	培养目标合理性	（用人单位问卷报告）	（略）
14	2020.4	培养目标合理性	（教育主管部门问卷报告）	（略）
15	2022.5.20	20 版人才培养方案	（兴龙湖中学走访调研记录）	（略）
16	2022.5	20 版人才培养方案	（校友访谈提纲）	（略）

材料 8：

外国语学院英语专业人才培养目标合理性评价实施细则

为深化新时代本科教育改革，全面保障和提高人才培养质量，推进专业内涵建设，坚持"学生中心、产出导向、持续改进"的基本理念，贯彻

《普通高等学校本科专业类教学质量国家标准》《普通高等学校师范类专业认证实施办法(暂行)》(教师〔2017〕13号)《重庆文理学院人才培养目标评价实施办法(修订版、试行)》(重文理教〔2021〕43号)等文件精神,确保人才培养目标的合理性,特制订本实施细则。

一、评价对象与要求

英语专业人才培养目标合理性评价主要针对最近一次需要修订的人才培养目标展开评价工作,要求评价培养目标是否符合学校定位且适应社会经济发展的需要,是否具有本专业办学特色,是否对毕业生就业的专业领域、职业特征、职业定位以及应具备的职业能力有清晰合理的描述。

二、评价组织与职责

由教学委员会牵头成立人才培养目标合理性评价工作小组,组织开展关于人才培养目标合理性评价。

组长:院长

成员:副院长、专业负责人、系主任、教研室主任、教学督导、专业教师、在校生、毕业生、用人单位、学生实习实践单位、家长等。

三、评价周期

专业每4年开展一次人才培养目标合理性评价工作,评价时间与当年修订专业培养方案的时间同步,也可以根据自身发展需要缩短培养目标合理性的周期,或根据需要在每4年的评价周期内增补评价次数。

四、评价内容与方式

人才培养目标合理性评价应包括内部评价和外部评价两部分内容。

(一)内部评价

内部评价的调研对象为校内专家、专业骨干教师及在校生。通过召开专业内部关于人才培养目标合理性评价的座谈交流会,对现行的培养目标是否符合教育部对高校人才培养目标的规定,是否符合《普通高等学校本科专业类教学质量国家标准》等文件对专业人才的要求,是否符合国家经济、教育发展需求,是否符合学校和专业的层次及定位等内容展开调研,并形成会议纪要。

(二)外部评价

外部评价的调研对象为毕业5年左右的毕业生、用人单位、企业和同行专家等利益相关方。通过开展针对毕业生及用人单位的问卷调查或访谈工作,针对毕业生的职业发展现状、毕业生是否符合用人单位对人才的需求、毕业生及用人单位对专业现行的培养目标的合理性进行评价。同时,应召开一线专家、同行专家的交流座谈会,针对现行人才培养目标是否符合国家经济、教育发展需求,是否符合企业对人才需求等内容展开调研,并形成会议纪要。

五、评价结果的利用

人才培养目标合理性评价工作小组应及时收集和整理反馈的数据,对数据进行认真分析,形成《英语专业人才培养目标合理性评价报告》并提交学院教学委员会进行结果审核,提出修订建议,以便为专业人才培养目标的修订提供依据和正确指引,促进本专业人才培养目标的持续改进。

外国语学院

2021 年 9 月

材料 9:

外国语学院英语专业人才培养目标达成情况评价实施细则

为深化新时代本科教育改革,全面保障和提高人才培养质量,推进专业内涵建设,坚持"学生中心、产出导向、持续改进"的基本理念,贯彻《普通高等学校本科专业类教学质量国家标准》《普通高等学校师范类专业认证实施办法(暂行)》(教师〔2017〕13 号)等文件精神,根据《重庆文理学院人才培养目标评价实施办法(修订版、试行)》(重文理教〔2021〕43 号)制定本实施细则。

一、组织机构

学院成立在教学委员会领导下的英语专业人才培养目标达成情况评价小组,构成如下:

组长:院长

成员:副院长、副书记、系(教研室)主任、教学督导、专业负责人、辅导员以及毕业生代表、教学秘书等

二、评价的对象、依据和参与方

(一)评价对象

人才培养目标达成评价的对象为英语专业毕业 5 年左右的毕业生。

（二）评价依据

人才培养目标达成评价的主要依据是专业设定的人才培养目标，即该专业学生毕业后 5 年左右在社会和专业领域的发展预期。

（三）评价参与方

人才培养目标达成度评价参与方包括教学管理人员、专任教师、教学督导、各级教育行政部门、毕业生、用人单位和实践教学基地、校外专家、家长等利益相关方。

三、评价实施

（一）评价周期

每 4 年开展一轮人才培养目标达成度评价；每年召开一次人才培养目标达成研讨会，阶段性地评价培养目标达成情况。

（二）评价方式

采用直接和间接评价结合、定性与定量评价结合、内部与外部评价结合的办法，结合人才培养目标科学设置评价项目以及调查问卷、访谈提纲等，合理运用自查反思、调研咨询、交流研讨、问卷调查、访谈座谈、电话访谈等方式，全面、有效地评价人才培养目标达成度。

（三）调研

1. 毕业生调研

毕业生是调研的主要对象，对毕业生的调研要尽可能做到全覆盖，且有效参与率原则上 60% 左右。

调研内容主要包括：从业单位及行业、所聘岗位、岗位角色、职业发展、业绩成就、薪资水平以及自身满意度评价等。

对毕业生的调研线上线下相结合，运用问卷调查、专题座谈、专项访谈、返校交流等方式进行。

2. 用人单位调研

用人单位是调研的重要对象，选择拟调研的用人单位要具有广泛的代表性，应当包括接收了被调研专业毕业生的单位及行业主管部门。

对用人单位的调研内容主要包括：被评专业毕业生的职业道德、政治素养、业务水平、综合素质与能力、职场竞争力、人才需求建议等。

对用人单位的调研采用问卷调查、专题座谈、专项访谈、邀请来校交流等方式进行。

3. 第三方评价

第三方评价是达成度评价的重要参考。第三方的评价应当是基于真实调查的基础上做出的科学合理评价。学院委托校外第三方机构对该专业学生的培养质量进行调查。委托第三方调查,双方需于调查前就调查目的、对象、内容、方式等基本要素达成一致。学院应当关注新闻媒体、专门机构等对学校及专业的评价、排名的相关信息,关注社会舆论对毕业学生的思想品德、专业知识和职业能力等的认可度、美誉度,并作为评价培养目标达成度的参考。

四、评价流程

(一)明确本专业毕业生入职 5 年左右预期具备并能实现的发展目标,合理诠释目标内涵并分解为可实施、可观测的评价指标。

(二)针对不同的调研对象,明确需调研的内容,设计调研提纲、问卷等。

(三)根据工作需要,选择合适的方式开展调研。

(四)对来自不同方面的调研结果逐一进行分析。

(五)采取合议机制对调研结果进行合议并形成结论。

五、结果运用

(一)工作文档

专业在组织开展培养目标达成度评价过程中,应注重运用信息技术等手段收集相关资料,形成《英语专业人才培养目标达成评价报告》文档,包括评价内容、评价依据、评价主体、评价方式、评价工具、评价结论等。相关记录要完整、可追踪,为专业培养目标的修订提供证据支撑。

(二)评价结果

评价结果作为专业人才培养目标修订的重要依据,要组织进行专题分析,督促专业落实、改进工作。

六、质量监控

学院教学督导小组全程参与人才目标达成评价过程,着重审核评价内容和评价所采用数据的合理性。评价内容的审核包括调查问卷设计、访谈提纲、研讨会议讨论内容等方面;数据的合理性审核包括调研对象的人数比例、代表性以及数据来源等方面。

外国语学院
2021 年 9 月

材料10：

外国语学院英语专业人才培养目标达成评价报告

根据《重庆文理学院人才培养目标评价实施办法(修订版、试行)》，外国语学院制定了《英语专业培养目标合理性评价实施细则》和《英语专业人才培养目标达成情况评价实施细则》，明确了培养目标达成情况评价的评价依据、评价对象、评价方式、评价周期和评价结果的利用等。为证明2020版人才培养目标预期可以达到或实现，针对2019—2021届177名毕业生、76家用人单位进行了调研，调研情况如表4-22所示：

一、评价情况介绍

表4-22　评价情况介绍

责任机构	英语专业人才培养目标达成情况评价小组，由院长担任组长，成员包括书记、副院长、系(教研室)主任、教学督导、专业负责人、辅导员以及毕业生代表、教学秘书等
评价依据	英语专业2020版人才培养目标，学生毕业后5年左右在社会和专业领域的发展预期
评价对象	英语专业2019—2021届毕业生
评价方式	采用直接和间接评价结合、定性与定量评价结合、内部与外部评价结合的办法，结合人才培养目标设置评价项目以及调查问卷、访谈提纲等，合理运用自查反思、调研咨询、交流研讨、问卷调查、访谈座谈等方式，全面、有效地评价人才培养目标达成度
评价内容	毕业生调研内容主要包括：从业单位及行业、所聘岗位、岗位角色、职业发展、业绩成就、薪资水平以及自身满意度评价等。对毕业生的调研运用问卷调查、电话访谈等方式进行。用人单位调研内容主要包括：被评专业毕业生的职业道德、政治素养、业务水平、综合素质与能力、职场竞争力、人才需求建议等。对用人单位的调研采用问卷调查、访谈、走访等方式进行

二、评价结果

(一)毕业生调研

本次评价共向2019—2021届毕业生发放调研问卷280份，收回177份，回收率63.2%。抽样调查结果显示各个培养目标的达成度介于0.81～0.94，平均值为0.86。调查结果表明，培养目标能够达成。评价结果纳入下一次培养方案修订及教学改进工作中，力求不断改进和提高培养质量，使之更有助于学生专业素质的提高，更符合学生个体发展需要和用人单位需要。

　　调研显示：2019—2021届毕业生认为总体培养目标要求的能力达成度均在86.74%及以上。在职业素养方面，如表4-23所示，毕业生在践行社会主义核心价值观，立德树人、遵守中学教师职业道德规范，爱岗敬业、乐于奉献的教育情怀等方面都做得非常好，达成度分别为93.78%、96.05%、94.35%；在关爱学生、尊重学生人格、热爱中学教育事业也表现出较高的达成情况。总体而言，抽样调研的毕业生在职业素养的平均达成度为94.46%。

表4-23　职业素养达成评价

职业素养			
评价内容	很好（%）	比较好（%）	达成度（%）
践行社会主义核心价值观	76.27	17.51	93.78
立德树人、遵守中学教师职业道德规范	73.45	22.6	96.05
爱岗敬业、乐于奉献	68.93	25.42	94.35
关爱学生、尊重学生人格	69.49	25.99	95.48
热爱中学教育事业	66.67	25.99	92.66
职业素养平均达成度			94.46

　　在专业能力方面，如表4-24所示，2019—2021届毕业生在英语语言基础知识和技能方面的达成度为84.18%，在教育教学专业知识方面达成度为85.31%，在心理学知识结构方面的达成度为83.61%，在英语教育教学能力方面的达成度为83.61%，在创造性地运用信息技术设计教学活动的能力达成度为80.22%。专业能力的平均达成度为83.38%。

表4-24　专业能力达成评价

专业能力			
评价内容	很好（%）	比较好（%）	达成度（%）
英语语言基础知识和技能	49.72	34.46	84.18
教育教学专业知识	50.28	35.03	85.31
心理学的知识结构	48.02	35.59	83.61
英语教育教学能力	45.76	37.85	83.61
创造性地运用信息技术设计教学活动	45.76	34.46	80.22
专业能力平均达成度			83.38

在育人能力方面,如表 4-25 所示,2019—2021 届毕业生在班级管理方式方法方面的达成度为 75.71%,在班级常规工作的安排和组织方面的达成度为 80.23%,在了解学校文化和育人内涵方面的达成度为 87.57%,在对学生进行综合教育指导的能力达成度为 81.36%。育人能力的平均达成度为 81.45%。

表 4-25　育人能力达成评价

育人能力			
评价内容	很好(%)	比较好(%)	达成度(%)
班级管理方式方法	42.94	32.77	75.71
班级常规工作的安排和组织	45.20	35.03	80.23
班级文化建设	44.63	35.59	80.22
了解学习文化和育人内涵	53.11	34.46	87.57
在英语教学活动中达成育人目标	49.15	34.46	83.61
对学生进行综合教育指导的能力	49.72	31.64	81.36
育人能力平均达成度			81.45

在发展能力方面,如表 4-26 所示,2019—2021 届毕业生在自主学习能力方面的达成度为 86.44%,在教育反思能力方面的达成度为 84.75%,在团队协作意识方面的达成度为 88.01%,在沟通合作能力的达成度为 87.00%。此外,有 12.43% 的毕业生从本专业本科毕业后,继续深造,获取了更高的学历,说明本专业毕业生具有较好的专业发展意识。发展能力的平均达成度为 86.42%。

表 4-26　发展能力达成评价

发展能力			
评价内容	很好(%)	比较好(%)	达成度(%)
自主学习能力	47.46	38.98	86.44
通过培训进行学习和发展的能力	53.11	33.33	86.44
教育反思能力	53.11	31.64	84.75
终身发展和持续改进的意识	54.24	31.64	85.88
团队协作意识	56.5	31.51	88.01
沟通合作能力	55.93	31.07	87.00
发展能力平均达成度			86.42

课程设置与工作的关联性：2019—2021届毕业生对学校培养目标和课程设置的认可度较高，达82.04%。其中，48.16%的毕业生认为课程设置与工作需求很符合，33.88%的毕业生认为课程设置与工作需求符合。这说明人才培养方案设置的课程对毕业生在工作中的帮助较明显。

就业地区：2019—2021届毕业生中68.88%就业地区为重庆，14.29%为四川、云南、贵州、西藏等西南地区，16.73%在其他省份，这些数据与本专业"立足重庆，面向西南"的专业定位相符合。

就业职业：2019—2021届非在读研究生毕业生中，所从事的职业主要为"教育/培训类"（62.56%）。

就业单位：2019—2021届毕业生主要流向单位类型为"中学（初中和高中）"（41.23%），其次为"小学"（14.22%），培训机构占比为7.11%。

毕业生目前从事所学专业教育教学相关工作的比例高，这一行业流向与学校专业设置及人才培养定位相符合，更加印证了本专业毕业生的服务面向"立足重庆，面向西南"，培养从事中学英语教育教学工作的骨干教师。

（二）用人单位调研

本次人才培养目标达成评价共向用人单位发放调研问卷90份，收回76份，回收率为84%。用人单位认为本专业毕业生在师德规范、教师职业道德方面的达成度为92.11%，在学科素养的达成度为86.84%，在班级活动组织方面的达成度为97.37%，在学习教育学新理论、新思想的意识方面的达成度为98.68%，在沟通与合作能力的达成度为98.69%。总体而言，用人单位认为我校英语专业毕业5年左右毕业生的能力素质与培养目标的达成情况为96.05%，其中"很符合"占比84.21%。

调研结果显示本专业培养目标定位为"能够在中学和其他教育机构从事英语教学及相关教育工作的中学英语骨干教师"，用人单位领导认为合理性较高，比较合理或非常合理均达到90%以上。该评价结果表明本专业毕业生凭借自身良好的综合素质和工作能力获得了教育行政部门和用人单位的认可，赢得了良好的社会声誉，普遍认为本专业毕业生预期可达成培养目标中要求的各项职业素质和能力。

从以上对毕业生和用人单位的抽样调查显示，我院英语专业2020版人才培养目标定位准确、设置合理、符合时代要求，预期可达成。

三、评价结果用于持续改进的建议

2019—2021 届毕业生反馈，本专业学生还需在教师技能和实践环节加强，占比最高的是社会实践（含实习）达到 84.08%，其次是师范生技能素质的提升占 76.73%，专业教师教学能力占 76.73%，课堂教学设计能力占 74.29%。数据显示，学生比较关注的是实践实习等锻炼机会、师范生技能素质的提升、课堂教学设计能力以及专业教学能力的提升。其次，学生在育人能力的达成方面还有提升的必要。因此，学校和学院可通过以下措施来提升学生的专业技能和教学经验：重视师范生技能训练培育，定期举办专业技能比赛、说（讲）课大赛；拓宽实习基地，增加实习时间，严格把控实习质量；增设实践性强的课程，提升师范生的教学水平；逐步改善实验教学设施设备，改善实验教学条件；多与中学加强联动，充分发挥基础教育学校兼职导师的力量，为学生搭建学习育人方法与经验的平台。

用人单位认为，学院在人才培养方面，还需加强对新形势下的英语教学的研究，引导学生加强对新课程标准的解读，加强学生学科融合能力的培养，教材知识与生活知识的融合能力，拓宽国际视野，关注英语核心素养等。这些建议为人才培养方案的修订、课程设置提供了有价值的参考。

外国语学院
2022 年 6 月

第五章

师范类专业认证质量保障体系
持续改进的策略与实践

第一节　质量保障体系持续改进的运行机制

《重庆文理学院关于制定 2020 版本科专业人才培养方案的指导意见》规定了人才培养方案要主动对接经济社会发展需求，广泛调研在校生、毕业生及用人单位反馈的意见，持续改进，适时优化课程体系和人才培养方案。《重庆文理学院本科教育教学质量保证体系》要求根据学校教育教学质量保证体系建立院级监控机制制度，及时对各方面反馈的质量信息进行问题研究，制定改进对策，建立持续改进机制。《重庆文理学院毕业要求达成度评价实施办法(修订版、试行)》规定了毕业要求达成度评价结果的运用，要求各专业每年召开毕业要求达成度评价反馈会，将达成度评价结果及相关信息及时反馈给课程负责人和相应教师，分析毕业要求达成的短板，找出课程体系、教学环节的不足，提出改进措施，推动本科人才培养质量的持续改进。《重庆文理学院人才培养目标评价实施办法(修订版、试行)》规定了人才培养目标评价和持续改进的责任机构，评价结果的收集、分析、反馈渠道，持续改进的责任人，以及改进效果的跟踪措施等(表5-1)。

表5-1　人才培养持续改进机制

责任机构	学校教学委员会、教学质量检测与评估中心
评价结果的收集、分析、反馈渠道	二级学院成立人才培养质量评价小组,组织开展评价工作,各专业在其指导下具体开展培养目标评价工作,并形成评价报告,二级学院对评价报告进行审核,报送学校教学质量监测与评估中心和教务处,并追踪督查改进情况
持续改进的责任人	各二级学院
改进效果的跟踪措施	学校教学质量监测与评估中心联合教务处采用适当方式将评价结果进行公示,对不同年度的评价结果进行对比分析,考察专业人才培养质量持续改进情况,并将结果运用于专业评估、优势专业遴选和二级学院目标指标考核

　　根据要求,学院制定了《外国语学院英语专业人才培养目标达成情况评价监控方案》《外国语学院英语专业毕业要求达成情况评价监控方案》《外国语学院英语专业课程目标达成情况评价监控方案》和《外国语学院英语专业人才培养方案持续改进工作实施细则》,规定了专业培养方案的修订要建立"持续改进"的质量观,做好"三大评价",建立具有"评价—反馈—改进"反复循环特征的持续改进机制,从而实现"三个改进、三个符合"的功能,即能够持续地改进培养目标,以保障其始终与内、外部需求相符合;能够持续地改进毕业要求,以保障其始终与培养目标相符合;能够持续地改进课程体系及计划,以保障其始终与毕业要求相符合。根据教学质量管理体系,建立符合自身实际的持续改进机制。方案和细则还明确了持续改进机制的具体内容,包括责任机构、评价方式、评价内容,以及改进效果的跟踪措施等(表5-2)。

表5-2　英语专业人才培养方案持续改进机制

责任机构	本科专业人才培养方案修订和评价工作小组,由院长担任组长,成员包括副院长、系(教研室)主任、教学督导、骨干教师、辅导员、行业专家、用人单位代表、毕业生代表、教学秘书等
评价方式	采用校内和校外相结合的评价方式,通过问卷调查、座谈会和走访用人单位等方法进行,包括专家论证、师生座谈会、毕业生跟踪调查以及用人单位评价等
评价信息渠道	院内评价主要来自院内教学委员会委员、学院专业教师和在校生等,校外评价主要来自毕业生、用人单位和行业协会专家等的反馈

续表

评价内容	以人才培养目标为重点,全面评价培养目标的合理性、培养目标对毕业要求的支撑度、课程体系对毕业要求的达成度等方面内容。 培养目标:培养目标是否体现了学校、学院的办学定位,专业定位是否适应社会需求,目标定位是否准确,目标内涵分界是否清晰,是否体现本专业毕业学生的就业领域等因素。 毕业要求:培养规格与要求能否支撑专业人才培养目标,专业知识与能力要求是否分解成若干个可教、可学、可评、可达成的指标点,各分解指标点是否体现了专业特色;培养规格与要求所涵盖内容是否符合专业认证要求或专业标准。 课程体系:课程设置能否支撑人才培养规格与要求的达成,每项要求指标点是否有合适的课程支撑;课程结构是否合理,各类课程学分比例是否恰当;是否明确先修后续关系,合理设置课程开设学期;专业必修课程是否合理设置"专业基础课程"和"专业核心课程",核心课程地位是否明确;专业选修课程是否进行合理模块设置,科学设计专业培养方向,体现专业特色;实践教学环节是否有必要学分;是否开设专业特色课程
持续改进	持续地改进培养目标,以保障其始终与内、外部需求相符合;持续地改进毕业要求,以保障其始终与培养目标相符合;持续地改进课程体系及计划,以保障其始终与毕业要求相符合

第二节　基于评价结果的持续改进工作

本专业通过对最近一次基于培养目标、毕业要求、课程目标达成情况、课程体系合理性评价结果等的综合分析,结合内部质量监控和外部评价结果,不断加大专业建设力度,具体改进工作主要有以下几方面。

一、有关培养目标的持续改进工作

改进依据:根据学校《重庆文理学院关于制定 2020 版本科专业人才培养方案的指导意见》和《重庆文理学院人才培养目标评价实施办法(修订版、试行)》,学院制定了《外国语学院英语专业人才培养方案持续改进工作实施细则》和《外国语学院英语专业培养目标合理性评价实施细则》,明确了培养目标的评价依据、评价对象、评价内容、评价方法、评价周期和评价结果的利用等。本专业以英语专业在校生和毕业生、一线教师、用人单位、教育行政部门等利益相关方为对象,采用问卷调查、座谈、访谈等评价方法,进行关于培养目标的合理性调查,通过对毕业生跟踪反馈机制和多元社会评价机制运行获取的信息进行分析。

改进措施:根据党的教育方针,国家、地区基础教育改革发展和教师队伍建设重大战略需求,国家教师教育相关政策要求和学校办学定位,增加了培养目标中的服务面向和人才定位。针对培养目标表述不够清楚,略显烦琐的问题,本次修订进行了精简整合,由 2015 版的七个目标改为 2020 版的一个总目标和四个分目标,逻辑层次更加清晰,能力特征更为明确,更能反映英语师范生毕业后五年左右在社会和专业领域的发展预期,体现了专业特色和优势;增加了毕业要求及与培养目标的关联矩阵,毕业要求与培养目标的对标更加清晰。

改进效果:评价结果纳入下一次培养方案修订及教学改进工作中,力求不断改进和提高培养质量,使之更有助于学生专业素质的提高,更符合学生个体发展需要和用人单位需要。

二、有关毕业要求的持续改进工作

改进依据:依据《普通高等学校本科专业类教学质量国家标准(外国语言文学类)》《重庆文理学院毕业要求达成度评价实施办法(修订版、试行)》和《外国语学院英语专业毕业要求达成情况评价方案(试行)》,对毕业要求达成情况进行评价。

改进措施:结合评价结果,对八项毕业要求的内涵进行合理性检查,目前分解后的二十二个毕业要求指标点能力描述指向明确,可教、可学、可评、可衡量,支撑教学环节明确合理,做到了对认证标准的全面覆盖。

改进效果:通过持续改进,毕业要求得到不断优化,更好地覆盖了认证标准,对培养目标形成了更好的支撑。

三、有关课程体系的持续改进工作

改进依据:以培养目标、毕业要求,以及《普通高等学校本科专业类教学质量国家标准》《重庆文理学院课程体系合理性评价及课程目标达成度评价实施办法(修订版、试行)》为依据,评价英语专业课程体系的合理性。

改进措施:有效设计课程体系,对 2020 版英语专业人才培养方案的课程设置进行了微调,修改了课程计划总学分数,调整了理论和实践教学的比例,增加了专业课程学分数,修改了部分课程的名称,使课程与毕业要求指标点的关系矩阵双向全覆盖,合理的课程设置推动师范生培养质量持续改进和提高。

改进效果:课程体系整体架构合理,课程类型清晰;课程体系目标明确,重点突出,能够支撑"一践行三学会"的毕业要求;课程设置准确,能够满足专业人才培养要求,全面支撑毕业要求。

四、有关课程目标的持续改进工作

改进依据:以师范专业认证标准和《重庆文理学院课程体系合理性评价及课程目标达成度评价实施办法(修订版、试行)》为指导,根据《外国语学院英语专业课程目标达成情况评价方案(试行)》所规定的英语专业课程目标达成情况评价机制,教师撰写课程目标达成情况评价报告,对课程目标与毕业要求观测点的对应关系、评分标准、评价方法、评价依据和评价结果进行分析;提出课程持续改进的意见与建议,在新一轮课程实施中加以特别关注。学院对持续改进进行追踪和考核。

改进措施:改进主要从教学内容、教学方法、考核方式等方面实施,要求任课教师针对课程目标达成情况进行分析,修订和完善课程教学大纲,根据大纲调整教学内容,优化课程结构,改变教学方式和方法,注重学生参与式教学,积极探索形式多样且行之有效的考核评价方式。

改进效果:课程负责人和任课教师不断修订课程大纲、制定课程目标、整合课程教学内容、设计课程教学环节和教学方式、明确对课程目标的有效支撑。在教学过程中积极改革教学方式,注重信息技术运用,重视学生参与和体验,课堂内外结合,注重师范生从教基本功训练及师德养成,促进师范生的发展,切实提升专业人才培养质量。

第三节 持续改进环节存在的问题及改进措施

一、存在的主要问题

（1）质量监控的闭环管理有待进一步完善。目前,学校相关质量监控部门在监控持续改进方面的工作力度不足。尤其在跟踪、评估和修正不断变化的教学需求和标准方面存在缺陷。这导致了监控流程的不连贯,从而影响了教学质量的持续提升,需要建立更为严格和系统的监控流程,确保从课程设计到教学实施再到结果评估的每一个环节都能得到有效监控和及时反馈。

（2）评价结果用于持续改进的力度还不够大。当前,对毕业要求达成度、课程目标达成度、教学评价等方面的评价结果并未能充分应用于教学持续改进。虽然学校已经建立了一定的评价机制,但这些机制在实施过程中存在不足,如对"评价—反馈—改进"的循环机制落实效果有待提升,质量监控信息的分析不够充分和深入。目前,学校缺乏对教学过程中问题的针对性分析,对教学全过程的掌握和改进不够全面。此外,教学质量信息的综合效益没有得到充分发挥,导致了评价结果未能有效转化为改进措施。

二、改进措施

（1）强化质量保障观念,重视监控的过程性和反馈性,有效推动持续改进。为此,学校应加强质量监控闭环管理,确保监控活动不仅仅是形式上的。这包括增强对教学过程的动态监控,确保及时发现并处理教学过程中的问题。同时,应提高反馈的质量和及时性,确保所有相关方都能获取必要的信息,并据此调整教学策略。此外,应定期进行监控效果的评估,确保监控活动能够实际促进教学质量的提升。

（2）加大评价结果应用力度。为了实现这一目标,学校需要明确质量改进的方向和责任主体。这包括及时汇总并分析各种质量监控信息和数据,形成系统、全面的质量分析报告。同时,应加强专业目标管理责任制的执行,确保教学质量保障第一责任人制度得到有效落实。此外,需要加强数据统计分析的深度和实质性,深入挖掘数据背后隐藏的质量问题,从而更准确地识别和解决教学过程中的问题。采取这些措施,可以确保评价结果不仅被收集和分析,而且能够转化为具体、有效的改进措施。

第四节　实践案例与经验分享

改进机制是持续改进的最后闭环阶段,核心内容包括三个方面:问题溯源,切实理解和分析学生的能力现状及用人单位反映的问题源头;信息渠道,在大量的调研数据间建立信息的传递渠道,以制度为基础保证需要改进的问题能正确地反馈至学院决策层;再评价,即对改进后的结果进行再评价、再反馈,持续、稳定地开展跟踪调查工作。

一、形成了持续改进相关的制度文件

主要包括《外国语学院英语专业人才培养目标达成情况评价监控方案》《外国语学院英语专业毕业要求达成情况评价监控方案》《外国语学院英语专业课程目标达成情况评价监控方案》和《外国语学院英语专业人才培养方案持续改进工作实施细则》等。

二、将培养目标、毕业要求、课程体系和课程目标的评价结果用于持续改进

师范类专业认证过程中,利用培养目标、毕业要求、课程体系和课程目标的评价结果进行持续改进,是确保教育质量与时俱进的重要手段。经过实践,该专业已完成以下几个关键步骤:

建立反馈循环：

首先,学院建立了系统性的反馈循环,将评价结果定期反馈给课程设计者、教师和管理层。这个循环包括收集数据、分析数据、制订改进计划和实施改进措施。

数据收集与分析：

收集相关数据,包括学生的学习成果、教师的教学效果、课程满意度调查等。对这些数据进行深入分析,识别教学活动、课程内容和学生学习成果之间的关联和差距。

设定改进目标：

根据评价结果,设定具体、可量化的改进目标。这些目标应当针对识别出的问题领域,明确改进的方向和预期成果。

制订改进计划和实施改进措施：

针对每个改进目标,制订具体的改进措施。这可能包括修改课程内容、更新教学方法、增强师资培训、改善学习资源等。然后实施这些措施,并确保所有相关人员都明白改进计划和他们在其中的角色。

评估改进效果：

在改进措施实施后,再次进行评价,以确定这些措施的效果。评估是否达到了设定的改进目标,并分析任何仍然存在的问题或新出现的挑战。

持续监督和调整：

教育是一个动态过程,需要不断监督和调整。持续改进是一个循环过程,不是一次性任务。根据最新的评价结果和教育环境的变化,持续调整改进措施。

通过这种结构化的持续改进过程,师范类专业可以确保其培养目标、毕业要求、课程体系和课程目标始终与教育质量标准、行业需求和社会发展保持一致。这不仅提高了教育质量和效果,也增强了专业认证的实际意义和价值。

材料 1：

外国语学院英语专业人才培养目标达成情况评价监控方案

为全面保障和提高人才培养质量,推进英语专业内涵式建设,规范人才培养目标达成情况评价的程序与方法,根据《普通高等学校本科专业类教学质量国家标准》《普通高等学校师范类专业认证实施办法(暂行)》(教师〔2017〕13 号)等相关文件要求,特制定本监控方案。

一、评价组织机构

学院成立质量监测与评价办公室。

责任机构:学院教学委员会

责任人:教学副院长、专业负责人、系(教研室)主任等

评价管理机构的主要职责:

评价人才培养目标达成情况评价总体工作方案,把控其合理性与可操作性;

评价人才培养目标达成情况评价实施的过程,把控其科学性与规范性;

审查人才培养目标达成情况评价报告;

评价人才培养目标达成情况评价制度,并提出改进意见。

二、评价周期

对人才培养目标达成情况评价的评价原则上每年一次。

三、评价主体

对人才培养目标达成情况评价的评价,分内部评价和外部评价。内部评价是指评价的主体为在人才培养目标达成情况评价实施过程中相关的群体,包括三个团队。一是学院教学委员会、院长、副院长、专业负责人、系(教研室)主任及骨干教师代表组成的学院专家团队。二是由用人单位代表组成的用人单位团队。三是由毕业生代表组成的校友团队。

外部评价是指评价的主体为第三方,包括两个团队。一是由学校教务处、招生就业处代表组成的学校专家团队。二是上级教育主管部门。

四、评价方法

人才培养目标达成情况评价制度的评价采用定性评价,就评价制度的制定、评价制度在实施过程中的问题及评价结果的应用等提出意见和建议,作为对现有评价制度进行修订和完善的依据。学院专家的评价方式主要通过一对一访谈、座谈交流会的方式进行;用人单位和校友的评价方式主要采取问卷调查的形式;学校专家和上级教育主管部门主要采取实地访谈和座谈等形式。

五、评价实施过程

(一)学院启动人才培养目标达成情况评价的评价工作,部署总体

工作；

（二）学院召开人才培养目标达成情况评价的评价工作会议，确定工作内容与要求、负责人及截止时间；

（三）工作小组同时开展学院专家评价、用人单位评价、校友评价、学校专家评价及教育主管评价五方面的评价意见收集，进行意见处理；

（四）提交人才培养目标达成情况评价的评价意见汇总表；

（五）学院审核评价意见汇总表，形成《英语专业人才培养目标达成情况评价的修订意见》，作为修订人才培养目标达成度评价制度的依据。

六、评价结果

从五个评价主体处收集关于人才培养目标达成情况评价的评价意见，形成《英语专业人才培养目标达成情况评价的修订意见》，作为修订《英语专业人才培养方案持续改进工作实施方案》的依据。

外国语学院

2021 年 10 月

材料 2：

外国语学院英语专业毕业要求达成情况评价监控方案

毕业要求达成情况评价是人才培养的核心环节，为本科专业教育质量持续改进提供有效依据和方向。为进一步推动英语专业建设，保障毕业要求达成评价机制的有效实施，特制定本监控方案。

一、监控主体及职责

（一）监控主体

由学校相关部门（教务处、教学质量检测与评估中心、学生处等）、教学工作指导小组主导成立英语专业毕业要求达成情况评价监控小组。

组长：院长

成员：学院副院长、学校相关部门（教务处、教学质量检测与评估中心、学生处等）成员、学院教学委员会成员、教研室主任、实践基地成员等

（二）主要职责

对毕业要求达成情况评价每一环节的落实进行过程督导；审查毕业要求达成情况评价报告；审核毕业要求达成情况评价的改进建议；督促各单位落实改进措施。

二、监控周期

毕业达成情况监控小组原则上每一年对每届毕业生进行一次达成情况评价机制监控,一般在毕业要求达成评价的过程中进行。

三、监控过程

监控毕业要求达成情况的过程性环节。

审定《外国语学院英语专业毕业要求达成情况报告》。保证毕业要求达成情况评价结果的科学性、合理性、规范性。

审定毕业要求达成情况评价的改进建议。确保改进建议的可行性、有效性、科学性。

督促责任人落实改进建议。对责任人改进措施定期抽查,以确保改进落在实处。

四、附则

本方案未尽事宜由教学委员会商定。

外国语学院

2021 年 10 月

材料 3:

外国语学院英语专业课程目标达成情况评价监控方案

为进一步推动英语专业建设,保障课程目标达成评价机制的有效实施,特制定本方案。

一、监控主体及职责

由教学委员会主导成立英语专业课程目标达成情况评价的监控小组。

组长:学院院长

成员:学院副院长、教学委员会成员、系(教研室)主任、教学督导。

主要职责:审查课程目标达成情况评价表;召开课程教学研讨会,提出课程目标修改意见、教学计划安排修改意见、师资调整意见、人才培养方案调整意见。

二、监控周期

对课程目标达成情况评价机制的监控原则上每学年进行一次,由课程目标达成情况评价的监控小组负责组织实施,一般在学年结束后进行。

三、监控过程

1. 审定课程目标达成情况评价报告、评价审核表。监控每门课程任课教师评价所担任课程的目标达成情况评价实施情况。

2. 召开课程教学研讨会,反馈监控信息。将本学年课程目标达成情况评价存在的问题进行反馈。

3. 课程、师资相关问题反馈给系(教研室)主任,再由系(教研室)主任逐一反馈至任课教师。

4. 教学计划安排、人才培养方案相关问题反馈给教学副院长和专业负责人,再由教学副院长和专业负责人召集相关人员进行研讨。

四、附则

本方案未尽事宜由教学委员会商定。

外国语学院

2021 年 10 月

材料 4:

外国语学院英语专业人才培养方案持续改进工作实施细则

专业人才培养方案是学生培养的纲领性文件,是学校落实党和国家关于人才培养总体要求、组织开展教学活动、安排教学任务的纲领性文件,是实施专业人才培养和开展质量评价的基本依据。为促进我院英语专业更好地适应学校定位、社会需求、学科发展的需要,更好地落实"学生中心、产出导向、持续改进"的理念,保证人才培养目标的达成,促进人才培养质量逐步提高,特制定本实施细则。

一、评价周期

本科专业人才培养方案原则上每 4 年进行一次修订。其中:有毕业生的专业,原则上每 2 年进行一次微调,根据毕业生质量跟踪调查结果持续改进;新建专业在没有毕业生之前原则上不对人才培养方案做大幅度调整,有毕业生后根据毕业生质量跟踪调查结果每 2 年进行一次微调;对于知识更新速度快、在各行业领域应用日新月异的特色专业、新兴专业、跨学科专业等,要根据经济、社会、科技的发展持续更新,可每年申请调整。人才培养方案的评价周期与修订工作相适应,新方案要经过全面论证和评价才能实施。

二、评价依据

深入贯彻党的教育方针政策和习近平新时代中国特色社会主义思想,落实立德树人根本任务,以《普通高等学校本科专业类教学质量国家标准》为指导,遵循相关专业认证要求或专业标准,主动适应地方经济社会发展和学校发展的需求,培养德智体美劳全面发展的高素质应用型人才。

三、组织机构

学院成立本科专业人才培养方案修订和评价工作领导组(以下简称学院工作组),负责组织本学院人才培养方案的修订和评价论证工作。

组长:院长

副组长:副院长

成员:专业负责人、系(教研室)主任、教学督导、骨干教师、辅导员、行业专家、用人单位代表、毕业生代表、教学秘书等。

四、评价内容

以人才培养目标为重点,全面评价培养目标的合理性、毕业要求对培养目标的支撑度、课程体系对毕业要求的达成度等方面内容。

1. 培养目标

培养目标是否体现了学校、学院的办学定位,专业定位是否适应社会需求,重点考察目标定位是否准确,目标内涵分解是否清晰,是否体现本专业毕业学生的就业领域等因素。

2. 毕业要求

培养规格与要求能否支撑专业人才培养目标,专业知识与能力要求应分解成若干个可教、可学、可评、可达成的指标点,各分解指标点是否体现了专业特色;培养规格与要求所涵盖内容要符合专业认证要求或专业标准。

3. 课程体系

课程设置能够支撑人才培养规格与要求的达成,每项要求指标点都要有合适的课程支撑;课程结构要合理,各类课程学分比例恰当;明确先修后续关系,合理设置课程开设学期;专业必修课程合理设置。

"专业基础课程"和"专业核心课程",核心课程地位明确;专业选修课程进行合理模块设置,科学设计专业培养方向,体现专业特色;强化实践教学环节,确保必要学分;开设专业特色课程。

五、评价方法

结合学院定位、专业人才培养定位以及经济社会发展需求,采用校内和校外相结合的评价方式,通过问卷调查、座谈会和走访用人单位等方法进行。院内评价主要来自院内教学委员会委员、学院专业教师和在校生等,校外评价主要来自毕业生、用人单位和行业协会专家等的反馈。

1. 专家论证

学院组织院内教学委员会和学术委员会委员,结合学院总体定位、办学特色以及办学条件等,评价专业人才培养目标与学院定位及专业人才培养定位的符合度。邀请行业协会专家,从行业发展对人才的需求与培养目标的吻合度进行合理性评价。通过多方面评价,确保有足够的支撑条件来保证培养目标的达成。

2. 师生座谈会

学院定期召开由院领导、专业负责人、任课教师代表、辅导员、教学秘书、学生代表等组成的师生座谈会,收集师生对培养目标的合理性意见和建议、人才培养中各个环节的反馈意见,作为培养方案的修订依据。

3. 毕业生跟踪调查

通过对毕业生进行跟踪调查,及时了解毕业生对工作岗位的适应状况,毕业生知识结构、能力及素质的培养状况对工作岗位要求的满足程度,以及培养目标是否已达成。

4. 用人单位评价

通过问卷调查或走访调查等形式,了解用人单位对本专业人才的需求和发展趋势,以及毕业生就业后的岗位胜任能力,以此来评价用人单位对人才的需求与培养目标吻合度。同时收集用人单位对本专业办学定位、培养目标、课程设置、毕业生能力及素质培养等方面的意见和建议,为人才培养方案的持续改进提供依据。

六、组织实施

学院根据学校人才培养方案修订的指导意见的要求组织开展人才培养方案修订工作,并同时开展论证和评价工作,将人才培养方案评价过程和评价结果形成研究报告。

学院领导班子根据需要,组织校内外专家,对各专业人才培养方案和研究报告开展论证和审议,并将修改意见反馈给各个系、教研室。

修改定稿后,经学院工作组审批,形成新的人才培养方案并发布执行。执行过程中的人才培养方案,如发现问题或确需进行调整,教研室需向学院工作组提交培养方案变更的书面申请,经工作组批准后,方可调整方案执行。

七、持续改进

专业培养方案的修订要建立"持续改进"的质量观,做好"三大评价",建立具有"评价—反馈—改进"反复循环特征的持续改进机制,从而实现"三个改进、三个符合"的功能,即能够持续地改进培养目标,以保障其始终与内、外部需求相符合;能够持续地改进毕业要求,以保障其始终与培养目标相符合;能够持续地改进课程体系及计划,以保障其始终与毕业要求相符合。根据教学质量管理体系,建立符合自身实际的持续改进机制。

第六章

以英语专业为例的师范类专业
认证质量保障体系实证分析

第一节　师范类专业认证下的英语核心课程建设

　　在传统的大学生英语专业教学模式下,学生的自主学习和应用能力培养方式存在不足。基于师范类专业认证理念,推进英语专业核心课程建设、进行教学模式创新、不断提升学生英语理论和应用能力,对接社会需求,显得势在必行(李秀萍,2024)。师范认证理念是一种以"学生中心、产出导向、持续改进"为核心要义的应用式教育理念,其核心思想和教育目标皆以最终的职业应用为标准。在这种教育理念下,核心课程的建设要围绕学生英语应用能力的提升来进行,在一定程度上实现教学和职业相匹配的教育效果。因此,在英语课程建设中,应打破以往教育模式的局限性,将师范认证教育理念合理融入课程建设中,培养学生的英语知识自主学习能力与应用能力,从根本上推动师范类专业人才培养能力和质量不断提升(蒋燕,柴能等,2023)。

以《英语课程与教学论》为例探索师范专业认证下的核心课程建设。

一、课程分析

《英语课程与教学论》是外国语学院英语专业开设的教师教育类必修课。开设于第四、第五共两个学期,共 64 学时。本课程是加强学生英语教学理论修养和基础知识的重要途径,课程系统介绍中学英语教学基础理论,将"课程思政"融入教学中,将立德树人作为根本任务,以社会主义核心价值观为引领,培养具有崇高的理想信念、良好的师风师德和高度的敬业精神的应用型人才。

本课程所涉及的专业核心知识和核心能力包括:

了解语言和语言学习的相关理论,认识外语教学发展史上主要教学流派的理论背景、教学原则、教学环节、教学设计等,学习语言知识和语言技能的教学方法、常见教学活动的设计与组织,掌握课堂管理的方法及新课标的评价方式。

掌握教学设计的方法,具有编写规范教案的能力。

能够依据特定的环境和教学条件、学生的需求以及语言教学的规律,对教学方法和技巧进行选择和再创造。

结合语言知识、语言技能的模拟教学实践,熟练运用中学英语课堂教学基本教学方法与操作技巧,逐步形成中学英语教师应有的初步的教育教学能力、教学研究能力和教学实践能力。

通过小组合作形式完成任务的方式提高沟通合作和解决问题的能力。

该课程坚持立德树人,弘扬社会主义核心价值观,帮助学生形成中学英语教师良好的职业信念和专业发展能力,热爱中学英语教育教学工作,树立崇高的教师职业道德与教师职业信念,为成为一名合格中学英语教师奠定必要的理论与实践基础,对专业人才培养目标的实现具有积极意义和重要价值。

二、课程建设目标

本课程的建设目标是把《英语课程与教学论》建设成一门教学内容更新迭代、教学手段推陈出新、教学资源丰富多样、教学体系创新完善、考核方式多维立体的课程体系,同时着力打造一支英语语言能力突出、教学经验丰富、熟悉中学英语课程标准改革动向、积极进行教学创新的高水平师资队伍,对其他相关课程起到示范辐射带动作用,促进相关课程的改革和发展。

结合课程思政建设,本课程目标可表述为"德、知、行"的"三元"目标,即育人、传授知识和培养能力。"德"主要包括社会主义核心价值观、教师职业道德和教师职业信念等方面;"知"主要包括外语学习理论和外语教学基本理论;"行"主要体现为英语学习策略、英语教学能力、沟通合作能力和分析反思能力以及相关的教学实践。

课程思政目标:通过本课程教学,使学生具有正确的政治方向,对中国的社会制度和民族文化充满自信心;有高度的职业认同和良好的社会责任感,树立良好的教育理想和职业道德,熟悉并遵守国家教育法规,培养崇高的理想信念、良好的师德师风和高度的敬业精神;在个人素养方面形成正确的认识,具备完整和正确的世界观、人生观、价值观;具备良好的人文素养,具备一定的英语教学协调、沟通、管理与团队合作能力。

三、课程建设与改革的基本思路和主要举措

（一）课程建设基本思路和举措

加强教学内容和课程体系改革。探索体系化理论教学和系统性实践教学;改革和完善本课程的教学内容、教学方法、教学大纲和考试大纲。教学团队集体备课,更新教学内容;积极实行启发式、讨论式、开放式、探索式的教学模式,促进学生自主学习和合作式学习,加强教学沟通,促进教学相长。在教学方法与手段方面,改革传统的教学思想观念、教学方法和教学手段。加强现代教学手段的应用,不断增加网络教学资源;结合教育学、心理学和英语教学理论知识,不断更新教学理论内容,完善课程资源,增加新的资源项目,形成包括教学案例、优质课视频、名师访谈记录、示范教学设计、辅助教材和参考资料相配套的教学资源库,使课程资源既能满足课堂教学的需求,又能在课外给予学生全方位的理论学习、技能训练和教学实践指导。

加强考核评价方式的改革。实行分阶段的多元化考核,由终结性评价和形成性评价两部分构成。终结性评价即为期末考核,采取多样化的考核方式,选用课程论文、教学方案设计、说课演讲、现场答辩、微型课堂教学展示等方式;形成性评价采用课堂表现、课堂活动、汇报展示、团队合作、模拟授课、课外训练等多种方式,对学生的英语教学理论知识的掌握,教师的教育教学能力、教学研究能力和教学实践能力等进行多维度的考核。在重视终结性评价的基础上,加大过程性实践性考核的力度,体现考核的多样性、综合性和科学性。

加强教学队伍规划与建设,逐步形成一支结构合理、人员稳定、教学水平高、教学效果好的教师梯队。培养高水平、高素质的课程骨干教师,以保证本课程的可持续发展。鼓励教师向"双师型"发展,提高教师的业务水平,优化教学团队建设。

(二)课程思政基本思路

在"三元"目标的指导下,秉承"课程承载思政"和"思政寓于课程"的理念,以社会主义核心价值观为纲,以问题为导向,从学生需求出发,优化课程设置,整合教学内容,将思政内容贯穿于本课程的教学大纲、教学目标、授课计划、培养方案、教案设计等各个方面,提升本课程教学的针对性、实效性,关注学生职业道德和职业信念的培育。充分发挥课堂教学的主渠道作用,在教学材料的选择与教学活动的设计上有意识地增强课程的育人功能,合理嵌入育人要素,以润物无声的形式将正确的价值观传导给学生,使课堂教学的过程成为引导学生学习知识、锤炼心志、涵养品行的过程,实现育人效果的最大化。

(三)课程思政主要举措

在教学中体现知识传授和价值引领的结合,注重引导学生对教师职业的认同和职业素养的培养。如在学习"优秀语言教师的基本素质"这一板块内容时,设计思政教学的目标和方法,使学生能够了解优秀英语教师需具备的个人修养、专业技能以及道德素质这三方面的基本素养,并以此作为自己以后的职业追求。在教学设计的学习和实践环节,指导学生认真备课和编写教案,使学生能够明白备课和编写教案在教师工作中的重要性,明白教师应在课前做好认真、充分的准备,体现教师良好的职业素养。在课堂教学管理的学习和实践中,指导学生进行案例分析和小组讨论,使学生明白新课程标准对教师角色的新要求,教师维持纪律应以尊重学生、热爱学生为前提,在纠错过程中应维护学生的自信与自尊,这些都基于良好的职业道德和素养。在"语言教学中的德育教育"板块的学习中,使学生明白德育教育首先要以身作则,发挥榜样的力量,教师不仅要对学生的智力发展负责,还要对其道德发展负责。通过优秀教学案例的观摩和学习活动,引导学生以优秀教师为榜样,明确教师在学生学习和成长过程中的作用,帮助学生树立成为人民教师的远大目标,培养学生的教育理想和教育情怀。

完善思政案例库建设。教师团队不断搜集整理与中学英语教学及课程思政相关的案例,结合教育领域的社会热点问题,突出社会主义核心价值观和师德师风教育,通过丰富的案例分析进一步增强课程思政教学效果。

强化英语师范生的实践环节教学,使课程思政的融合和持续发展真正实现。课程建设团队要加强与实习支教学生的联系,及时了解和解决实习过程中的问题,使英语师范生通过实习体验牢固地树立正确的教师职业观,练就中学英语教学综合能力。

提升团队教师自身的思政能力。团队教师不断强化自身的思政理论学习,积极参加与课程思政相关的讲座、会议、工作坊等活动,有效提升自己的思政素养,不断了解新的时政知识,增强变革勇气,创新教学手段,提高自身的思政能力。

通过本课程的建设,建立新的思政性质课程标准,完善融入育人元素的教案和讲义,形成融入思政元素的课程标准和多元化的课程考核方案,收集并提交不少于五件学生代表性作品,并撰写课程报告。

通过本课程的学习,学生较系统地掌握英语课程与教学论相关的基础理论知识、系统的专业知识和必要的实践技能,了解和掌握英语教学的一般方法,同时具有良好的社会责任感和良好的职业道德,积极为我国社会主义现代化建设事业服务。

整个教学团队通过本课程的建设与运行,更好地体验外语课程的育人功能,帮助教师完成从外语教学向外语教育的转变。

第二节　师范类专业认证下的英语课程思政建设

本节主要以《英语视听说》课程为例,探讨如何在师范类专业认证下进行课程思政建设。

一、课程建设基础

（一）课程开设基本情况

《英语视听说》是外国语学院英语专业开设的专业必修课,属于学科基础课程。开设于第一、二、三三个学期,共计94学时。本课程借助视听材料学习相关语言和文化知识,开展课内外视听说技能训练,培养学生实际运用语言的能力。将英语听力、口语、演讲技能和思辨能力培养融入教学中,帮助英语专业学生提升专业素养,加强核心竞争力。在知识方面,学习和巩固语言知识,包括重音、语气、语调等语音知识,了解其对听力理解的影响;扩大词汇储备、了解中西文化背景知识,提高学生的语言基础理论知识和文化修养。能力方面,学习和掌握各种获取信息和分析判断能力,包括听写与笔记能力、归纳大意的能力、短暂记忆能力、推测与猜测能力、掌握细节的能力、选择关键词及要点的能力;口语交际能力,包括快速反应能力、提问与回答问题能力、复述能力,就某一话题讨论并进行连贯表达的能力、演讲能力;同时,团队协作能力、创新实践能力、沟通和批判性思维能力的培养也在本课程的教学中贯穿始终。

该课程坚持立德树人,弘扬社会主义核心价值观,帮助学生打好语言基本功,培养具有中国情怀、国际视野、跨文化交际能力的新时代英语专业人才,对专业人才培养目标的实现具有积极意义和重要价值。

（二）本课程开展"课程思政"改革试点所具备的优势

1. 课程特点

该课程是一门英语技能综合课程，其输入手段具有多样化的特点，即"视""听""说"并举，以英语录音、视频等形式进行教学，通过由浅入深、循序渐进地对学生进行全面、系统、正规的视听、口语交流和英语演讲等视听说技能训练，让学生掌握科学实用的听力和口语训练方法，提高学生的听力理解水平、口语表达能力和对语言运用的分析理解能力，向"听说领先，重在应用"的英语专业人才培养目标努力。同时培养学生良好的学风，增强其自主学习能力，提高综合文化素养，使他们在今后的教育工作和社会交往中能用英语有效地进行口头和书面的信息交流。

结合课程思政建设，本课程以"德、知、行"三方面的发展为目标，即将育人、传授知识和培养能力有机结合，达到"三元"并举，在传授英语语言知识、中西方文化知识、跨文化交际知识的同时，培养英语视听说能力和跨文化交际能力，同时培养文化自信与爱国情怀，帮助学生树立正确的三观，健全人格、完善个性，健康成长。

2. 课程师资

该门课程目前共有六名教师参与课程建设，且全都参与过或正在进行该门课程的教学，其中有两名副教授和四名讲师。项目负责人长期担任《英语视听说》课程的教学工作，多次参加各级教学比赛并获奖；团队其他成员都是英语专业教学骨干，主持和参与多项市级校级科研和教改项目，对该门课程的教学理论和方法非常熟悉，教学实践经验丰富，在课程思政建设方面主动学习交流、积极探索实践，同时对现代信息技术运用娴熟，大部分教师独立完成过英语微课的录制。这些经验都为该课程思政建设提供了较好的理论和实践支撑。

3. 本课程前期已经开展的相关工作

本课程目前已完成既有大纲的修订工作，新版大纲积极融入思政教育，制定了明确的课程思政目标，即通过本课程教学，使学生具有正确的政治方向，对中国的社会制度和民族文化充满自信心；有初步的职业认同和一定的社会责任感，树立良好的教育理想；形成较高的时事政治敏感度,高度认同中国特色社会主义核心价值观和中华优秀文化,在职业规范、文化差异、个人素养、世界与国家发展等方面形成正确的认识,具备完整和正确的世界观、人生观、价值观;具有国际视野,能有效进行跨文化沟通交流;具备良好的人文素养,具备一定的英语教学协调、沟通、管理与团队合作能力。在新版大纲的指导和要求下,该门课程以课堂为载体,对中国文化进行更加清晰的认知和认可,有利于民族自豪感的加深,四个自信的培养,民族身份的坚定。

该门课程目前正在进行核心课程建设与改革,包括教学内容和课程体系改革、考核评价方式改革和教学队伍规划与建设。结合课程思政建设,在教学内容方面,目前教学中除了开展英语听说技能的训练,同时也非常重视中西方文化的对比,增强学生的文化自信和爱国情怀,培养学生的跨文化交流的能力,使学生不仅了解西方文化,更能有意识地传播中国文化,讲好中国故事。

在考核方式方面,更注重形成性评价,评价方式更多样,如采用课堂表现、课堂活动、口语活动、团队合作、英语演讲、课外训练等多种方式,对学生英语语言运用能力、交际能力、团队协作能力和分析、解决问题能力等进行多维度的考核。在重视终结性评价的基础上,加大过程性实践性考核的力度,体现考核的多样性和综合性。在教学队伍建设方面,目前已逐步形成一支结构合理、人员稳定、教学水平高、教学效果好的教师梯队。培养高水平、高素质的课程骨干教师,以保证本课程的可持续发展。鼓励教师向"双师型"发展,提高教师的业务水平,优化教学团队建设。

二、"课程思政"教学计划表(表 6-1)

表 6-1 "课程思政"教学计划表

"课程思政"目标	思政教育元素(教学内容)	教育方法和载体途径	预计教学成效
帮助学生增强文化自信和爱国情怀,加深民族自豪感,坚定民族身份	在教学中增加中国文化内容。在课堂活动中增加"中国文化汇报"环节,每次课上由一组学生作3 ~ 5分钟演讲,话题涉及中国文化的各个方面	汇报展示 课堂讨论	学生不仅能学习如何用英文讲好中国故事,而且能加深对中华文化的理解,增强对中华文化的认同

续表

"课程思政"目标	思政教育元素(教学内容)	教育方法和载体途径	预计教学成效
帮助学生树立正确的三观和健全的人格	在教学中加强隐性育人,在选取学习材料的过程中,强调榜样作用、典型引路。在"男女社会分工"主题学习时,选取国内外政界、商界成功女性的英文演讲作为学习材料	信息化载体课堂讨论	学生树立远大抱负和独立人格,坚持追求梦想,将自我价值的实现融入社会进步中
鼓励学生接受自己,切实体会奋斗的意义,树立正确的价值观和健全的人格	选取一些出身普通的成功人士的英文演讲或传记、视频作为视听材料;增加一些在生理或心理方面不完美,但依然努力生活从不放弃的普通人的故事作为视听材料	采用角色扮演的形式,扮演成功人士,讲述其奋斗经历;搜集材料,汇报展示	学生更好地领会成功无捷径、只能靠自己不懈努力的道理;接纳自己、热爱生活,树立正确的价值观
关注学生的心理需求,帮助学生完善个性、健康成长	根据平时的师生交往过程,了解学生心理方面的需求和问题,有针对性地设计相应教学内容。在讲授有关家庭的主题时,让学生选取中外影视作品中孩子与父母发生冲突的场景进行英文表演,并分析中西方父母与孩子产生冲突的不同原因	通过表演和对比分析,帮助学生了解中西家庭文化的差异,体会父母对孩子的爱	在训练学生英语表达能力的同时有助于学生更好地理解父母,在理解的基础上学会宽容

三、课程思政建设实施情况

(一)教师(教学团队)课程思政建设情况

依托本课程参加相关教学比赛,指导学生参加全国性的演讲比赛,均取得不错的成绩。

(二)课程思政教学实践情况

《英语视听说》在课程性质上注重工具性与人文性的有机结合,遵循"以教师为主导,以学生为主体"的教学理念。结合本课程新的思政教学大纲,课程建设团队在英语视听说初、中、高等各个阶段都深入挖掘相关思政元素,将"立德树人"思想融入教学,积极进行课程思政教学实践探索。

(1)整合教学理念,梳理教学内容,明确教材思想主线,确定思政教学目标。将文秋芳教授的"产出导向法"理论与本教材的教学理念相结合,形成了"以教师为主导,以学生为主体,以学习为中心,以教材为依托,学用一体,综合育人"的教学理念。结合教材各个单元的不同主题,梳理教材中视听材料中的知识要点和思政元素,明确各个单元的思想主线和精神要义,由此确定教学的语言知识技能目标和思政目标。其中,思政目标更加强调学生思辨能力的培养和民族文化自信的提高。

(2)依据教学目标,结合学习主题,选取、挖掘、改编教材内容,让中国文化走进课堂,在教学中增加中国文化和中外文化对比等内容。在课上课下活动中设计"我眼中的家乡""我和我的祖国""我与世界同行"等环节,由学生在课上轮流进行3~5分钟的演讲和分享。学生不仅能学习如何用英文讲好中国故事,而且能加深对中国文化的理解,增强对民族文化的认同。

(3)改进教学方法和教学评价方式,更好地实现课程思政育人目标。本课程教学过程中,团队积极尝试线上+线下的混合式教学模式,依托云班课指导学生进行线上自主学习;在线下课堂教学中,采用产出导向法、任务教学法、情境教学法、启发讨论式教学法等灵活多变的教学方式培养学生的思辨能力。在评价方式上,遵循"以评促教""以评促学""以评促改"的评价理念,结合教师点评、学生互评、师生合评、线上机器评阅、评价量表等科学的评价方式和手段,以保证教学活动、教学设计、教学模式以及教学资源的使用具备科学性,从而实现本课程教学的语言目标和育人目标。

(4)改革考核方式,对学生的知识、能力、文化和思维进行综合评价。本课程采用混合式评价模式,具体包含课堂表现、课堂活动、口语活动、团队合作、英语演讲、汇报展示、课外训练等多种方式,通过教师评价、学生互评、师生合评、线上机器评阅、评价量表等科学的评价方式对学生英语语言知识、视听说技能和文化内涵的学习情况进行全面的检测和评价,对学生英语语言运用能力、交际能力、团队协作能力和分析、解决问题能力等进行多维度的考核。

（三）课程评价与成效

（1）设定教学分目标，强调过程性评价，丰富终结性评价，全方位考查学生的学习情况和课程目标包括思政目标的达成情况。根据 2020 版人才培养方案和最新的课程教学大纲，本课程设置四个教学分目标，从学科素养、教学能力、综合育人和沟通合作等四个方面对课程总目标进行分别阐释。在教学实践中改进结构评价，强调过程性评价，丰富终结性评价。形成性考核采取多元化多维度评价方式，包括教师评价、学生互评、师生合评、线上机器评阅等多种评价方式。终结性评价既有笔试又有口试，既有听力又有口语，既有"听"又有"视"，形式和内容更加丰富。其中过程性评价占比 40%，期末考试中听力成绩和口语成绩各占总评成绩的 30%。在过程性评价和期末口语考试环节中，对课程思政目标的考核占有重要比例。

（2）根据考核结果及时对课程目标达成情况进行分析，以期更好地指导教学。在课程考核结束后，及时撰写课程目标达成情况评价报告。根据课堂表现、小组活动、课外训练、成果展示、期末考试等多个评价环节的具体情况和所占权重，分析四个课程分目标的具体达成情况；再通过问卷的方式了解学生和教师对本课程学习目标、教学目标期望值和达成情况的主观评价，结合双方主客观评价综合得出本课程的实际目标达成情况。并对评价结果和实际结果进行一致性对比分析，对课程目标定位和课程评价方式进行合理性判断，分析存在的问题及改进措施，更好地指导今后的教学。

（四）课程特色与创新

《英语视听说》系列课程设计坚持"育人为本，德育为先"，已形成以"德、知、行"三方面的发展为目标、以产出为导向、包含"驱动"—"促成"—"评价"三个主要教学环节的线上＋线下混合式教学模式。

（1）"三元"并举，全人教育：将育人、传授知识和培养能力有机结合，在传授英语语言知识、中西方文化知识、跨文化交际知识的同时，培养英语视听说能力、思辨能力和跨文化交际能力，同时培养文化自信与爱国情怀，帮助学生树立正确的三观，健全人格、完善个性，健康成长。

（2）三阶递进，产出导向：在视听说初、中、高阶段，分别引入"我眼中的家乡""我和我的祖国""我与世界同行"等环节，一步步鼓励和引导学生从自身出发，关注家乡和民族的发展、学习中国文化、讲好中国故事，弘扬中华文明，理解人类命运共同体的含义。

（3）三段促成，混合教学：课程采用线上＋线下的混合式教学模式，流程分为"驱动"—"促成"—"评价"三个主要教学环节。首先，教师在课前借助于云班课平台提供相关学习资料，发布与单元主题相关的驱动性产出任务，学生自主学习或以小组形式进行任务的分解和准备；然后，在线下课堂，通过教师指导、小组讨论、合作探究等方式，帮助学生完成产出任务；最后，根据任务的输出方式，及时进行课中或课后、线上或线下、个人或集体评价。由此，学生的合作学习能力和反思技能得到充分发展。

四、课程思政建设完成情况

（一）教学目标方面

结合学校"立德树人"的育人目标和英语专业师范认证的严格要求，在 2020 版人才培养方案的要求和指导下，对《英语视听说》教学大纲进行修订和完善，将课程综合育人目标与学科教学目标有机结合，以"德、知、行"三方面的发展为目标，即将育人、传授知识和培养能力有机结合，达到"三元"并举，在传授英语语言知识、中西方文化知识、跨文化交际知识的同时，培养英语视听说能力和跨文化交际能力，同时培养文化自信、爱国情怀和社会责任感，帮助学生树立正确的三观，健全人格、完善个性，健康成长。

（二）教学内容方面

结合课程思政建设，在教学内容方面，首先选取最新的具有思政目标的教材。其次，在深挖教材内涵的同时，遵循教材思想主题，创新性使用和改编教材，根据教学需要增减教材内容，将"立德树人"思想融入教学，从而达到思想性和科学性的统一。在教学中除了开展英语视听说技能的训练之外,同时也要非常重视中西方文化的对比和思辨能力的培养,增强学生的文化自信和爱国情怀,培养学生的跨文化交流的能力,使学生不仅了解西方文化,更能坚定文化自信,有意识地传播中国文化,讲好中国故事。

（三）教学方法方面

改变传统的单一课堂教学方式,综合使用线上＋线下的混合式教学模式,形成"以教师为主导,以学生为主体,以学习为中心,以教材为依托,学用一体,综合育人"的教学理念。课堂教学中,采用产出导向法、任务教学法、情境教学法、启发讨论式教学法等灵活多变的教学方式培养学生的思辨能力,实现本课程教学的语言目标和育人目标。

（四）考核方式方面

教学评价遵循"以评促教""以评促学""以评促改"的理念,采用综合式考核评价模式,形成性评价采取多元化多维度的评价方式,参考学生课堂表现、课堂活动、口语活动、团队合作、英语演讲、汇报展示、课外训练等多方面的表现,通过教师点评、学生互评、师生合评、线上机器评阅、评价量表等科学的评价方式对学生英语语言知识、视听说技能和文化内涵的学习情况进行全面的检测和评价,对学生英语语言运用能力、交际能力、团队协作能力和分析、解决问题等能力进行多维度的考核。本课程通过评、教、改相结合的方式,在多维互动中,实现评教相长,促进教学目标的实现。

五、《英语视听说》课程思政教学设计案例

（一）案例教学设计介绍

教学内容:《英语视听说3》*Bringing Dreams to Life*

1. 单元教学目标

语言目标：

（1）To get and share different stories and ideas about people's dreams.

（2）To practice the listening skill： identifying main points and story examples.

（3）To learn the speaking skill： using a story example.

（4）To learn and practice the note-taking skill： using abbreviations.

（5）To learn a pronunciation skill： intonation and pauses to continue and conclude.

（6）To use the presentation skill： pause effectively, and prepare a group presentation.

育人目标：

（1）提升思辨能力。通过讨论成为一名成功企业家应具备哪些特质，以及比较分析大学生毕业后是求职还是自主创业，进行思辨能力的培养和提升。

（2）培养学生不畏困难、勇于创新的精神。通过对本单元各试听材料的理解，结合国内外成功企业家的典型案例分析，突出对学生直面困难和创新精神的培养。

（3）引领学生形成正确的人生观、个人成长观和事业观。通过分析本单元相关企业家坚守梦想，于逆境中成长，于失败中重生的创业之路，引领学生形成正确的成长观和事业观。

（4）引领学生建立正确的义利观和商业道德，增强文化自信。通过引导学生学习以子贡和范蠡为代表的中国古代商人遵循"温良恭俭让"，崇尚"义重于利""诚信经营"等商业信条的典范故事，让学生体会到中华优秀传统文化价值，形成正确的义利观和商业道德，增强文化自信。

（5）强化学生的家国情怀和社会责任感。通过音视频学习和主题讨论，挖掘企业家乐善好施、慷慨回馈社会的事迹和企业家精神，激发学生的爱国热忱和奉献精神。

2. 单元教学过程

（1）单元主要内容

① 文章与语言的学习。本单元主题是"企业家精神"和"坚持梦想"，由两大部分构成，听力部分主要是有关企业家的成功案例分享，视频内容是有关如何克服困难、坚持梦想的演讲。各部分都配以适当的练习来检测语言信息的获取、听力技能的掌握以及思辨能力的训练。

② 听力技能的学习与训练。用缩略词汇快速进行笔记记录。

③ 英语口语表达和论证能力的训练。基于单元主题和视听材料的学习，了解企业家精神的内涵，思考大学生毕业后择业或创业的选择，综合运用本单元的语言知识和技能，进行个人陈述和小组讨论、展示。

④ 话题演讲的训练和表达技巧的完善。

（2）设计理念与思路

采用文秋芳的"学习中心""学用一体"和培养"关键能力"的教学理念。立足本校定位、人才培养目标和单元教学目标，基于单元主题，深挖教材内涵，领会单元理念，采用"输出驱动"—"输入促成"—"选择性学习"—"以评为学"的教学思路，综合使用线上＋线下的混合式教学模式，实现单元教学的语言目标和育人目标。

（3）教学组织流程

教学基本流程分为"驱动"—"促成"—"评价"三个主要教学环节。结合课前、课中、课后的教学实践，采用线上＋线下的混合式教学模式，并将其融入驱动、促成、评价的每一个教学流程中。

第一步，混合式驱动环节。在此环节中，教师布置与该单元主题相关的驱动性产出任务，提供线上（云班课）和线下的学习资料。学生在课前自主学习，熟悉单元主题，准备任务，在线上或课中呈现任务产出。教师对驱动任务的完成情况进行评价与指导，为设置目标任务做准备。

第二步，混合式促成环节。该环节基于本单元的主要内容，包括对主题的认识和了解、对信息的准确获取、对语言能力的运用等。教师布置产出任务和实施教学活动。学生通过线上线下自主学习、独立查询、思索讨论、合作探究、教师指导，完成任务。此过程中，教师充分发挥脚手架功能，促成学生完成产出任务。

第三步，混合式评价环节。该环节主要对驱动和促成环节中的任务产出情况和教学活动安排的效果给予综合评价。通过评价，教师及时调整教学,学生及时反思和巩固所学知识和技能。

这三个环节贯穿于课内和课外的教与学中。一般来讲,驱动环节主要发生在课前,以老师布置任务,提供资料,学生准备任务为主要形式。根据驱动性产出任务的性质,可以是课后线上提交,也可以是课中个人或小组展示。促成环节以课中进行 + 课外巩固的方式存在。教师课中讲授,布置任务,提供脚手架支撑,学生课中听课、提问、讨论,以个人或小组回答、展示、辩论等形式输出任务。根据任务的输出方式,进行课中或课后、线上或线下、个人或集体评价,在此基础上,学生进行反思,课后总结和巩固所学知识与技能。总之,教师从导入开始,设置任务→进行驱动→检查任务→进行评价→学生反思、总结、巩固→完成小目标。依此类推,形成若干微循环,依次完成单元的所有内容,最终实现本单元的所有目标。

（4）思想性和科学性的统一

课程教学立足单元主题和教学目标,基于科学的教学理念,借助科学先进的教学手段和方法,通过科学合理的教学设计和安排,在传授学科知识的同时,将思想政治元素有效融入丰富的教学环节和活动中,既教授英语视听说相关知识,又进行思想政治教育,从而达到思想性与科学性的统一,具体过程如下:

① 在教学内容的选取上。本单元听力材料分别讲述了两位企业家成功创业的故事。除了科学地教授学生语言文化知识,进行听说能力训练之外,还要结合"企业家创业"这一单元主题,引导学生思考成功企业家的品质特征,学习他们坚持梦想、不畏困难、勇于创新的精神。

结合单元主题、课后练习和课外资料的补充学习,让学生从经济学、管理学等跨学科角度进行思考和学习,从而拓宽其视野和知识面。

② 在教学手段的运用上。教师充分利用和挖掘教材、电子课件以及在线教学平台,整合单元语言知识和思政元素,采用线上 + 线下教学模式进行教学,从而达到思想性和科学性相统一。例如:

在课内,教师融合多媒体、腾讯课堂等科学手段进行线上、线下教学;在课外,督促学生利用云班课等教学平台,以及一些英语学习的APP进行课外的自主学习。这有助于学生在思想意识上发挥学习的主观能动性,坚持良好的学习习惯,提高自主学习能力和学习效果。

另外,结合单元主题,带领学生充分挖掘教学资源,利用互联网等科学手段搜索查询"儒商先祖"子贡、"商圣"范蠡的相关资料,以及中国企业在地震和疫情期间无私奉献、慷慨回馈社会的感人事迹,以实例让学生充分理解企业家精神的内涵,树立正确的义利观,激发学生的社会责任感和奉献精神,强化学生的家国情怀和爱国热情,从而实现思政教育目标。

③ 在教学活动的设计上。在任务驱动环节,指导学生将搜集的中外企业家创业故事进行英语演讲,经过小组讨论和教师点评之后,鼓励学生开展头脑风暴,探讨、总结出企业家精神的内涵,进而思考自己未来的人生道路。

在任务促成环节,结合单元视频材料的学习,指导学生进行主题式演讲的准备和展示,让学生学习相关口语表达和演讲技巧,进行演讲训练,也引导学生认识到企业家成功的艰辛不易,深刻理解和学习成功企业家的优秀品质;引导学生通过个人思考、小组讨论、代表发言、辩论的方式,对比大学毕业后择业和自主创业的利弊,再以作业的形式布置学生完成课后口头报告,使学生在辩证思维能力方面得到锻炼。

④ 在考核评价方式上。教师通过教师点评、学生互评、师生合评、线上机器评阅、评价量表等科学的评价方式对学生本单元语言知识、听说技能和思想文化内涵的学习情况进行全面的检测和评价。

3. 单元教学评价

教学评价遵循"以评促教""以评促学""以评促改"的理念,采用混合式评价模式,通过评、教、改相结合的方式,在多维互动中,实现评教相长,促进教学目标的实现。根据前一部分的单元教学流程和具体教学环节,评价融入每一个任务产出的过程中,根据任务的不同,采用的评价方式各异,具体评价方式如下:

(1)线上学生互评 + 教师点评。针对线上提交的主观题任务产出(如线上提问、参与讨论等),采用学生互评和教师点评的方式。

(2)线下教师点评 + 学生互评 + 师生合评。针对课中的任务产出(口头回答问题、陈述、辩论等),采用学生互评、小组评价、老师点评、指导和引导的方式。

(3)线上机器评阅。线上完成的部分任务(如听力、视频和语言学习情况等),主要采用机器评阅。

(4)使用评价量表。根据不同题型,适当设置评价量表,量表中明确语言要素和育人要素的考核及其评价标准。量表的使用可以是学生本人自我评价的依据,也可以作为同学和老师评价的参照。

4. 教材使用情况

《视听说教程3》在课程性质上注重工具性与人文性的有机结合,遵循"以教师为主导,以学生为主体"的教学理念。本单元基于这个教学理念,综合使用第一单元的课前听力导入、主要听力材料、演讲视频材料以及单元项目等内容。同时,在深挖教材内涵的同时,遵循教材思想主题,创新性使用和改编教材,根据教学需要增减教材内容,将"立德树人"思想融入教学,从而达到思想性和科学性的统一,具体做法如下:

(1)整合教学理念,梳理单元内容,明确教材思想主线,确定教学目标。将文秋芳教授的"产出导向法"理论与本教材的教学理念相结合,形成了"以教师为主导,以学生为主体,以学习为中心,以教材为依托,学用一体,综合育人"的教学理念。结合单元主题,梳理教材中视听材料和相关练习中的知识要点和思政元素,明确本单元的思想主线和精神要义,由此确定本单元教学的语言知识技能目标和思政目标。

(2)依据教学目标,遵循教材思想,选取、挖掘、改编教材内容,设置和完成产出任务。

第一,根据单元教学的语言知识技能目标和思政目标,选取与之相符的教材内容,包括听前导入、主要听力材料、相关习题、视频材料和单元项目等,这些内容具有丰富的知识性与科学性,同时也蕴含积极向上的思想内涵,能够潜移默化让学生接受相关思政教育。

第二,在单元主题思想的指导下,挖掘深层次的教学内容,比如由关于企业家的创业内容引导学生思考和讨论"企业家精神"的内涵,由企业家的优秀品质引导学生思考个人成长与发展,再由此激发学生的家国情怀与社会责任感。

第三,遵循教材单元思想,在教材内容之外,增加了中国传统文化中关于"儒商"祖先——子贡将儒家信条付诸商业实践获得成功的材料,让学生深刻领悟中华民族传统美德,增强文化自信,继承和发扬优秀传统文化。

另外,结合单元主题,与时俱进,创新性地增加了中国当代企业和企业家乐于奉献、回馈社会的音视频材料,如疫情时期多家企业援助上海等,从而引导学生在思想上具有奉献精神,感恩、回馈祖国和社会。

以上教学内容由教师通过设置驱动性产出任务和目标产出任务,在教学活动中结合线上线下教学,让学生充分利用课前、课中、课后时间完成。

（3）结合教学评价,实现本单元语言知识目标和思政育人目标。遵循"以评促教""以评促学""以评促改"的评价理念,结合教师点评、学生互评、师生合评、线上机器评阅、评价量表等科学的评价方式和手段,以保证本单元的教学活动、教学设计、教学模式以及教学资源的使用具备科学性和思想性的统一,从而实现语言知识技能目标和思政育人目标。

（二）案例课时教学设计介绍

1. 教学目标

（1）语言目标

① 理解本单元主题和内容。在课前对本单元导入部分的听力材料进行自主听力学习,在此基础上,结合课中的学习,深入理解单元的主题、主要观点和内容。

② 掌握企业家精神和坚持梦想的相关语言点的使用。在视听材料中企业家坚持梦想、勇于创新、在逆境中重生的基础上,梳理单元相关词汇和表达方式,在课堂的学习活动中使用并掌握这些语言点。例如:

Good qualities of an entrepreneur: great ability to lead; an intense level of strong determination and willingness to work hard; being innovative and creative; a strong motivation towards the achievement of a task; the ability to establish good relations with people around, etc.

How to start a business: be focused on your good idea; go for it and be brave; do something you feel passionate about; love it; be honest; have tenacity; go and ask (successful) people advice; take action and keep moving; follow business steps; hire great people; have tenacity and courage, etc.

③ 了解"儒商"鼻祖——子贡和范蠡的相关词汇。借助补充材料,积累相关词汇。

Eg. Confucian Businessman; ancestor of Confucian Business; Top Ten Scholars of Confucius; gentleness, kindness, humbleness, frugality and forgiveness; benevolence; generous donations to the community;

reciprocity, sincerity, mutual respect and equality, etc.

（2）思政育人目标

① 提高学生的思辨能力。通过对比大学毕业时求职与自主创业的利与弊,提高思辨能力。

② 引导学生形成正确的人生观、个人成长观和事业观。通过分析本单元材料中多位企业家成功创业的故事,鼓励学生树立人生目标,为梦想奋斗,引导其形成正确的成长观和事业观。

③ 强化学生的文化自信、家国意识和社会责任感。通过补充以子贡和范蠡为代表的古代商人遵循"温良恭俭让",崇尚"义重于利""诚信经营"等商业信条的典范故事,让学生体会到中华优秀传统文化价值,形成正确的义利观和商业道德。引导学生增强文化自信、家国意识和社会责任意识。

（3）该课时目标与单元教学目标间的关系

本案例课时的教学目标属于单元总目标的一部分,兼顾知识目标和思政育人目标的实现,同样兼顾科学性与思想性的统一。通过单元视听材料信息的获取和话题讨论输出的训练,掌握本单元的语言知识和相关听说技能。通过补充材料拓宽视野,增强文化底蕴和文化自信。通过回答问题、讨论与辩论,引导学生辩证分析就业与创业两种选择,提高其思辨能力,树立正确的人生观、个人成长观和事业观。

2. 教学过程

（1）设计理念

本课时遵循"产出导向""学用一体""知识与思政相融合""以评促学"的设计理念。

（2）设计思路

总体设计思路包括以下几个过程:主题导入→驱动性产出→总结与评价→布置课中任务→促成课中任务产出→评价、反思和总结。

（3）具体组织流程

第一步,主题导入。教师展示一些著名企业家的图片,其中包括本单元所涉及的两位企业家,师生简单交流熟知的人物姓名及企业名称,教师引入本节课的主题。（3分钟）

第二步,驱动性产出 + 点评。在课前学习的基础上,结合课中老师的讲解和相关视频的观看,让学生讨论并初步列举出企业家的优秀品质,老师给予点评,并发布本节课的产出任务——有关企业家精神的小组汇报,并要求学生在随后的环节中拓展思维,积累词汇,为汇报作准备。(5分钟)

第三步,促成课中任务1的产出 + 点评。首先结合思维导图对两位企业家的信息进行集体回顾,随后对该部分听力材料进行详细深入学习,去了解企业家如何面对困难、如何面对贫穷,以及他们对待员工的共同态度,结合课后练习部分,启发学生思考和交流他们自己如何对待生活中的挫折,以及怎样看待企业与社区以及雇主与员工的关系,教师给予点评,并分享习近平主席的一段讲话,鼓励学生采取积极的态度和学习的精神来对待失败。(15分钟)

第四步,促成课中任务2的产出 + 点评。基于前面环节的学习和分析,教师引导学生对中国古代儒商先祖子贡(属于补充材料,本次课前已进行自主学习)的信息进行梳理,并结合课文中的两位现代国外企业家,进行古今中外的对比,分析他们的共同特点,了解杰出企业家 / 商人的优秀品质不分国界和时代,帮助学生拓展思维;随后播放一个有关中国企业家精神的视频,了解新时代的企业家精神的内涵,以 "What qualities do you consider as most important for a successful entrepreneur?" 为题,分组对成功企业家身上最重要的品质进行对比和提炼,对企业家精神进行讨论和总结,并在课堂进行展示,老师点评。(18分钟)

第五步,升华主题,总结课堂。基于第四步中对成功企业家精神的讨论,引导学生积极思辨,进行批判性思考,明白提倡企业家精神并不意味着鼓励每个人都去创业,而是学习他们的优秀品质,对于创业还是就业,每个人都应该根据自己的实际情况进行认真思考和自主选择。随后借助教材单元任务,布置题为 "Should I start my own business or get a job?" 的调查报告作为课后作业。并在下一次课上,各小组口头陈述本组的调查报告,老师和其他同学利用评价量表进行评分。通过调查报告,让学生巩固本单元的语言知识,提高其思辨能力和自我认识能力,树立科学的事业观。(4分钟)

(4)思想性与科学性的统一

思想性和科学性的统一贯穿在具体的教学活动中,主要通过以下几个环节来实现:

①视听材料学习环节。通过获取和讨论有关企业家精神的内容,梳理和学习相关语言知识,引导学生思考其承载的坚守精神、创新精神和兼济天下的精神。通过选取材料中部分段落进行精听,作类比学习,引导其梳理总结企业家精神,高效、灵活地利用教材。

②口语表达与讨论环节。学生结合听力材料信息回答课后的思辨性问题,并进行阐释和论证,以此提高思辨能力。借助讨论,梳理出材料中企业家们的传记故事以及他们获得成功的重要品质,为后面的口头展示做准备。科学地利用教材中的思辨问题,为学生完成任务搭好脚手架。

③小组讨论、报告与教师点评环节。通过小组讨论和辩论,巩固语言知识和口语表达技能,提高学生的思辨能力,结合教师点评,引领学生形成正确的人生观、个人成长观和事业观。

④ 教师课堂总结环节。教师基于本课主题,结合课外补充材料,同时借助教材单元项目总结课堂,拓展课堂内容,激发学生践行和发扬吃苦耐劳、勇于创新的精神;指导学生如何正确看待工作和创业的关系,树立科学的事业观。同时全面地、科学地利用教材。

通过以上的四点总结,我们不难看出,教师在课堂的每一个环节都灵活地利用了教材的内容,或取舍或改编;同时也兼顾了思政育人,真正做到了思想性与科学性的统一。

3. 教学评价

本课时遵循"以评促教""以评促改""评教相长"的评价理念,结合具体的教学活动,采用适当的评价方式,实现本单元的知识目标和思政目标,达到科学性与思想性的统一。具体评价方式如下:

(1)教师点评

教师对学生的问题回答、阐释和小组讨论、报告的情况进行即时性点评。评价其语言使用,纠正其语言错误,点评其回答内容的同时,融入辩证分析、世界观、人生观和价值观等育人元素。

(2)学生互评

针对个人的问题回答、阐释和小组成员的讨论、报告,进行生生互评、纠错和补充。

（3）师生合评

通过评价量表，教师和学生一起对小组报告的情况，从语言使用、意义表达、思辨能力、反驳能力、思想意识等方面进行综合评价。

附　录

附件 1（问卷 1）

重庆文理学院外国语学院英语专业调查问卷（毕业生卷）

亲爱的毕业生：

你好！

为了了解我院英语专业人才培养情况，以加强学校人才培养的监控，提高学校的毕业生质量，特邀请你在百忙之中抽出时间填写此问卷。你的评价对我们师范生培养工作非常重要，请认真阅读所有项目，并勾选你认为合适的选项。本问卷不记名，问题的回答无对错之分，但你真实、完整的回答对本书的质量非常重要，感谢你对母校工作的支持和配合！

重庆文理学院外国语学院

2019 年 11 月

一、基本信息

1、你的毕业年份（　　）

A.2016 年　B.2017 年　C.2018 年

2、你的性别（　　）

A.男　B.女

3、你目前学习或工作的地点（　　）

A.重庆　B.四川　C.云南　D.贵州　E.西藏　F.其他省份

4、你现在所从事的职业（　　）

A.研究生在读　B.中学教育　C.小学教育

D.培训机构　E.创业　F.企业　G.待业　H.其他

二、自我评价

（一）师德规范

1、我在践行社会主义核心价值观方面
A. 很好　B. 比较好　C. 一般　D. 不足　E. 很不好
2、我在立德树人、遵守中学教师职业道德规范方面
A. 很好　B. 比较好　C. 一般　D. 不足　E. 很不好
3、我在成为"四有"好老师的实践方面
A. 很好　B. 比较好　C. 一般　D. 不足　E. 很不好

（二）教育情怀

4、我在"爱岗敬业、乐于奉献"的教育情怀方面
A. 很好　B. 比较好　C. 一般　D. 不足　E. 很不好
5、我在中学英语教师工作专业性和重要性的认同方面
A. 很好　B. 比较好　C. 一般　D. 不足　E. 很不好
6、我在关爱学生、尊重学生人格方面
A. 很好　B. 比较好　C. 一般　D. 不足　E. 很不好
7、我在严格要求学生方面
A. 很好　B. 比较好　C. 一般　D. 不足　E. 很不好
8、我在热爱中学教育事业方面
A. 很好　B. 比较好　C. 一般　D. 不足　E. 很不好

（三）学科素养

9、我的英语语言基础知识和技能
A. 很好　B. 比较好　C. 一般　D. 不足　E. 很不好
10、我的教育教学专业知识
A. 很好　B. 比较好　C. 一般　D. 不足　E. 很不好

11、我的语言文化和人文知识

A. 很好　B. 比较好　C. 一般　D. 不足　E. 很不好

12、我的跨学科的知识结构

A. 很好　B. 比较好　C. 一般　D. 不足　E. 很不好

13、我的心理学的知识结构

A. 很好　B. 比较好　C. 一般　D. 不足　E. 很不好

（四）教学能力

14、我的英语教育教学能力

A. 很好　B. 比较好　C. 一般　D. 不足　E. 很不好

15、我的实际操作和动手能力

A. 很好　B. 比较好　C. 一般　D. 不足　E. 很不好

16、在创造性地运用信息技术设计教学活动方面，我认为自己

A. 很好　B. 比较好　C. 一般　D. 不足　E. 很不好

17、在创造性地运用本土资源设计教学活动方面，我认为自己

A. 很好　B. 比较好　C. 一般　D. 不足　E. 很不好

（五）班级指导

18、我在班级管理方式方法方面的能力

A. 很好　B. 比较好　C. 一般　D. 不足　E. 很不好

19、我在班级常规工作的安排和组织方面的能力

A. 很好　B. 比较好　C. 一般　D. 不足　E. 很不好

20、我在班级活动组织方面的能力

A. 很好　B. 比较好　C. 一般　D. 不足　E. 很不好

21、我在班级文化建设方面的能力

A. 很好　B. 比较好　C. 一般　D. 不足　E. 很不好

22、我在建立良好班级秩序方面的能力

A. 很好　B. 比较好　C. 一般　D. 不足　E. 很不好

23、我在维持良好师生关系和家校关系方面的能力

A. 很好　B. 比较好　C. 一般　D. 不足　E. 很不好

24、我在激励学生方面的能力

A. 很好　B. 比较好　C. 一般　D. 不足　E. 很不好

（六）综合育人

25、我在英语学科育人价值的认同方面

A. 很好　B. 比较好　C. 一般　D. 不足　E. 很不好

26、我在了解学校文化和育人内涵方面

A. 很好　B. 比较好　C. 一般　D. 不足　E. 很不好

27、我在英语教学活动中达成育人目标的能力方面

A. 很好　B. 比较好　C. 一般　D. 不足　E. 很不好

28、我在组织英语主题社团活动的能力方面

A. 很好　B. 比较好　C. 一般　D. 不足　E. 很不好

29、我对学生进行综合教育指导方面的能力

A. 很好　B. 比较好　C. 一般　D. 不足　E. 很不好

（七）反思能力

30、我的自主学习能力

A. 很好　B. 比较好　C. 一般　D. 不足　E. 很不好

31、我通过培训进行学习和发展的能力

A. 很好　B. 比较好　C. 一般　D. 不足　E. 很不好

32、我的创新思维

A. 很好　B. 比较好　C. 一般　D. 不足　E. 很不好

33、我的实践能力

A. 很好　B. 比较好　C. 一般　D. 不足　E. 很不好

34、我分析和解决问题的能力

A. 很好　B. 比较好　C. 一般　D. 不足　E. 很不好

35、我的教育反思能力

A. 很好　B. 比较好　C. 一般　D. 不足　E. 很不好

36、我的教研教改能力

A. 很好　B. 比较好　C. 一般　D. 不足　E. 很不好

37、我学习教育学新理论、新思想的意识
A. 很好　B. 比较好　C. 一般　D. 不足　E. 很不好

38、我终身发展和持续改进的意识
A. 很好　B. 比较好　C. 一般　D. 不足　E. 很不好

（八）沟通能力

39、我的团队协作意识
A. 很好　B. 比较好　C. 一般　D. 不足　E. 很不好

40、我的交流分享意识
A. 很好　B. 比较好　C. 一般　D. 不足　E. 很不好

41、我的沟通合作能力
A. 很好　B. 比较好　C. 一般　D. 不足　E. 很不好

（九）总体满意度

42、我对自己的教师素质的总体评价？
A. 很好　B. 比较好　C. 一般　D. 不足　E. 很不好

43、我认为，我具备中学英语教师的素养吗？
A. 已经具备 B. 大部分具备 C. 具备一半 D. 具备一点 E. 不具备

44、我认为，我院英语（师范）专业毕业生在哪些方面做得较好？（多选）
A. 师德规范　B. 教育情怀　C. 学科素养　D. 教学能力
E. 班级指导　F. 综合育人　G. 反思能力　H. 沟通合作

45、我认为，我院英语（师范）专业毕业生在哪些方面还需提升？（多选）
A. 师德规范　B. 教育情怀　C. 学科素养　D. 教学能力
E. 班级指导　F. 综合育人　G. 反思能力　H. 沟通合作

46、我认为未来中学英语教师的以下素养中哪些更为重要（多选）？
A. 师德规范　B. 教育情怀　C. 学科素养　D. 教学能力
E. 班级指导　F. 综合育人　G. 反思能力　H. 沟通合作

47、我认为，现在的中学教育对英语师范生有什么要求和挑战？

十分感谢您的参与！祝您工作顺利，生活愉快！

附件2（问卷2）

重庆文理学院英语专业课程设置合理性调查问卷（在校生卷）

亲爱的同学：

我们诚邀你参与本次问卷调查，旨在了解：

1. 我们所设置的四年制本科生的毕业要求的重要性和合理性。

2. 围绕着这些毕业要求，我们当前的课程体系设置是否合理。

3. 从学生角度而言，课程设置有什么问题。

你的反馈和建议对我们进一步优化现有的培养方案和课程体系至关重要。该问卷预估需要20分钟完成，感谢你的参与！

重庆文理学院外国语学院

2019年11月

基本情况

1、你是哪一年级的学生？

A. 一年级　B. 二年级　C. 三年级　D. 四年级

2、你认为未来中学英语教师的以下素养中哪些更为重要（多选）？

A. 师德规范　B. 教育情怀　C. 学科素养　D. 教学能力

E. 班级指导　F. 综合育人　G. 反思能力　H. 沟通合作

毕业要求与课程设置合理性调查

（若没上过这门课程就不作选择）

一、师德规范

1. 你认为我专业毕业要求：师德规范的重要程度如何？

具体内涵：认同中国特色社会主义理论，能够在英语教育教学活动中践行社会主义核心价值观；严格贯彻党的教育方针，以立德树人为己任并为之奋斗；遵守中学教师职业道德规范，依法执教，立志做新时代"四有"好老师的实践者。

A. 非常重要　B. 比较重要　C. 一般　D. 比较不重要　E. 不重要

2. 你认为我专业课程符合以上毕业要求的程度如何?

课程名称		符合毕业要求师德规范的程度
通识教育课程	思想道德修养与法律基础	A. 非常符合 B. 比较符合 C. 一般 D. 比较不符合 E. 不符合
	中国近现代史纲要	A. 非常符合 B. 比较符合 C. 一般 D. 比较不符合 E. 不符合
	马克思主义基本原理概论	A. 非常符合 B. 比较符合 C. 一般 D. 比较不符合 E. 不符合
	毛泽东思想和中国特色社会主义理论体系概论	A. 非常符合 B. 比较符合 C. 一般 D. 比较不符合 E. 不符合
	形势与政策	A. 非常符合 B. 比较符合 C. 一般 D. 比较不符合 E. 不符合
专业课程	英语(师范)专业导论	A. 非常符合 B. 比较符合 C. 一般 D. 比较不符合 E. 不符合
教师教育课程	教育心理学	A. 非常符合 B. 比较符合 C. 一般 D. 比较不符合 E. 不符合
	现代教育学	A. 非常符合 B. 比较符合 C. 一般 D. 比较不符合 E. 不符合
实践教学课程	认知见习	A. 非常符合 B. 比较符合 C. 一般 D. 比较不符合 E. 不符合
	毕业实习	A. 非常符合 B. 比较符合 C. 一般 D. 比较不符合 E. 不符合
	毕业论文(设计)	A. 非常符合 B. 比较符合 C. 一般 D. 比较不符合 E. 不符合

二、教育情怀

1. 你认为我专业毕业要求:教育情怀的重要程度如何?

具体内涵:具有正确的人生观、世界观和价值观,具有强烈的"爱岗敬业、乐于奉献"的教育情怀,认同中学英语教师工作的专业性和重要性。身心健康,热爱学生,尊重学生人格和个体差异,工作耐心细致,做学生成长的支持者和促进者。

A. 非常重要 B. 比较重要 C. 一般 D. 比较不重要 E. 不重要

2. 你认为我专业课程符合以上毕业要求的程度如何？

课程名称		符合毕业要求教育情怀的程度
通识教育课程	思想道德修养与法律基础	A. 非常符合 B. 比较符合 C. 一般 D. 比较不符合 E. 不符合
	马克思主义基本原理概论	A. 非常符合 B. 比较符合 C. 一般 D. 比较不符合 E. 不符合
	毛泽东思想和中国特色社会主义理论体系概论	A. 非常符合 B. 比较符合 C. 一般 D. 比较不符合 E. 不符合
专业课程	英语(师范)专业导论	A. 非常符合 B. 比较符合 C. 一般 D. 比较不符合 E. 不符合
教师教育课程	教育心理学	A. 非常符合 B. 比较符合 C. 一般 D. 比较不符合 E. 不符合
	现代教育学	A. 非常符合 B. 比较符合 C. 一般 D. 比较不符合 E. 不符合
	英语教学论	A. 非常符合 B. 比较符合 C. 一般 D. 比较不符合 E. 不符合
实践教学课程	认知见习	A. 非常符合 B. 比较符合 C. 一般 D. 比较不符合 E. 不符合
	毕业实习	A. 非常符合 B. 比较符合 C. 一般 D. 比较不符合 E. 不符合
	毕业论文(设计)	A. 非常符合 B. 比较符合 C. 一般 D. 比较不符合 E. 不符合

三、学科素养

1. 你认为我专业毕业要求：学科素养的重要程度如何？

具体内涵：通过专业的学习和训练，系统掌握英语语言基础知识和基本技能，把握英语语言知识体系的历史沿革和前沿动态，理解中学英语学科核心素养内涵。熟悉中国语言文化，具备良好的人文知识储备和跨学科知识，形成正确的学习方法和学习策略。

A. 非常重要 B. 比较重要 C. 一般 D. 比较不重要 E. 不重要

2. 你认为我专业课程符合以上毕业要求的程度如何？

课程名称		符合毕业要求学科素养的程度
学科基础课程	大学语文	A. 非常符合 B. 比较符合 C. 一般 D. 比较不符合 E. 不符合
	基础英语	A. 非常符合 B. 比较符合 C. 一般 D. 比较不符合 E. 不符合
	英语语音	A. 非常符合 B. 比较符合 C. 一般 D. 比较不符合 E. 不符合
	英语语法	A. 非常符合 B. 比较符合 C. 一般 D. 比较不符合 E. 不符合
	英语听力	A. 非常符合 B. 比较符合 C. 一般 D. 比较不符合 E. 不符合
	英语口语	A. 非常符合 B. 比较符合 C. 一般 D. 比较不符合 E. 不符合
	英语阅读	A. 非常符合 B. 比较符合 C. 一般 D. 比较不符合 E. 不符合
	英语写作	A. 非常符合 B. 比较符合 C. 一般 D. 比较不符合 E. 不符合
	英语国家概况	A. 非常符合 B. 比较符合 C. 一般 D. 比较不符合 E. 不符合
	英美文学选读	A. 非常符合 B. 比较符合 C. 一般 D. 比较不符合 E. 不符合
	高级英语	A. 非常符合 B. 比较符合 C. 一般 D. 比较不符合 E. 不符合
	英语语言学导论	A. 非常符合 B. 比较符合 C. 一般 D. 比较不符合 E. 不符合
	笔译基础	A. 非常符合 B. 比较符合 C. 一般 D. 比较不符合 E. 不符合
	口译基础	A. 非常符合 B. 比较符合 C. 一般 D. 比较不符合 E. 不符合
	第二外语	A. 非常符合 B. 比较符合 C. 一般 D. 比较不符合 E. 不符合
	跨文化交际	A. 非常符合 B. 比较符合 C. 一般 D. 比较不符合 E. 不符合
教师教育课程	教师口语	A. 非常符合 B. 比较符合 C. 一般 D. 比较不符合 E. 不符合
	书写基础	A. 非常符合 B. 比较符合 C. 一般 D. 比较不符合 E. 不符合
	教育心理学	A. 非常符合 B. 比较符合 C. 一般 D. 比较不符合 E. 不符合
	现代教育学	A. 非常符合 B. 比较符合 C. 一般 D. 比较不符合 E. 不符合
	英语教学论	A. 非常符合 B. 比较符合 C. 一般 D. 比较不符合 E. 不符合
	教师仪表与教态	A. 非常符合 B. 比较符合 C. 一般 D. 比较不符合 E. 不符合

四、教学能力

1. 你认为我专业毕业要求：教学能力的重要程度如何？

具体内涵：能够依据现代外语教育教学理论及中学英语课程标准，结合重庆中学生身心发展和中学英语学科认知特点，以学生为中心，能够有效地运用英语学科教学知识（PCK）和信息技术创设合适的基于英语核心素养的英语学习环境,进行教学设计、实施,开展英语说课、评课和实证研究等教研活动。

    A. 非常重要 B. 比较重要 C. 一般 D. 比较不重要 E. 不重要

    2. 你认为我专业课程符合以上毕业要求的程度如何?

课程名称		符合毕业要求教学能力的程度
通识教育课程	计算机应用基础	A. 非常符合 B. 比较符合 C. 一般 D. 比较不符合 E. 不符合
学科基础课程	基础英语	A. 非常符合 B. 比较符合 C. 一般 D. 比较不符合 E. 不符合
	英语语法	A. 非常符合 B. 比较符合 C. 一般 D. 比较不符合 E. 不符合
	英语听力	A. 非常符合 B. 比较符合 C. 一般 D. 比较不符合 E. 不符合
	英语口语	A. 非常符合 B. 比较符合 C. 一般 D. 比较不符合 E. 不符合
	英语阅读	A. 非常符合 B. 比较符合 C. 一般 D. 比较不符合 E. 不符合
	英语写作	A. 非常符合 B. 比较符合 C. 一般 D. 比较不符合 E. 不符合
专业课程	英语国家概况	A. 非常符合 B. 比较符合 C. 一般 D. 比较不符合 E. 不符合
	跨文化交际	A. 非常符合 B. 比较符合 C. 一般 D. 比较不符合 E. 不符合
教师教育课程	教师口语	A. 非常符合 B. 比较符合 C. 一般 D. 比较不符合 E. 不符合
	书写基础	A. 非常符合 B. 比较符合 C. 一般 D. 比较不符合 E. 不符合
	教育心理学	A. 非常符合 B. 比较符合 C. 一般 D. 比较不符合 E. 不符合
	现代教育学	A. 非常符合 B. 比较符合 C. 一般 D. 比较不符合 E. 不符合
	英语教学论	A. 非常符合 B. 比较符合 C. 一般 D. 比较不符合 E. 不符合
	教师仪表与教态	A. 非常符合 B. 比较符合 C. 一般 D. 比较不符合 E. 不符合
	现代教育技术应用	A. 非常符合 B. 比较符合 C. 一般 D. 比较不符合 E. 不符合

续表

课程名称		符合毕业要求教学能力的程度
实践教学课程	"三字一话"训练	A. 非常符合 B. 比较符合 C. 一般 D. 比较不符合 E. 不符合
	英语语音训练	A. 非常符合 B. 比较符合 C. 一般 D. 比较不符合 E. 不符合
	英语书写训练	A. 非常符合 B. 比较符合 C. 一般 D. 比较不符合 E. 不符合
	认知见习	A. 非常符合 B. 比较符合 C. 一般 D. 比较不符合 E. 不符合
	毕业实习	A. 非常符合 B. 比较符合 C. 一般 D. 比较不符合 E. 不符合
	毕业论文（设计）	A. 非常符合 B. 比较符合 C. 一般 D. 比较不符合 E. 不符合

五、班级指导

1. 你认为我专业毕业要求：班级指导的重要程度如何？

具体内涵：坚持德育为先，具有从事班级指导的强烈愿望，灵活掌握适合中学生身心特点的中学德育原理与方法；熟悉班级组织与建设的工作规律和基本方法，能够策划丰富多彩的班级活动；在班主任工作专业实践中能建立良好的班级秩序、师生关系和家校关系，全方位对学生开展德育、社会实践和心理健康教育活动。

A. 非常重要 B. 比较重要 C. 一般 D. 比较不重要 E. 不重要

2. 你认为我院英专业课程符合以上毕业要求的程度如何？

课程名称		符合毕业要求班级指导的程度
通识教育课程	思想道德修养与法律基础	A. 非常符合 B. 比较符合 C. 一般 D. 比较不符合 E. 不符合
教师教育课程	教育心理学	A. 非常符合 B. 比较符合 C. 一般 D. 比较不符合 E. 不符合
	现代教育学	A. 非常符合 B. 比较符合 C. 一般 D. 比较不符合 E. 不符合
	班主任工作实务	A. 非常符合 B. 比较符合 C. 一般 D. 比较不符合 E. 不符合
综合实践	认知见习	A. 非常符合 B. 比较符合 C. 一般 D. 比较不符合 E. 不符合
	毕业实习	A. 非常符合 B. 比较符合 C. 一般 D. 比较不符合 E. 不符合

六、综合育人

1.你认为我专业毕业要求：综合育人的重要程度如何？

具体内涵：具有全程育人、立体育人的意识，了解中学生身心发展和养成教育规律，认同英语学科育人价值，能够将育人目标融入中学英语教育教学活动中；了解学校文化和教育活动的育人内涵和方法，参与组织英语相关主题教育，具备利用多种渠道方式对学生进行综合教育指导的能力。

A.非常重要 B.比较重要 C.一般 D.比较不重要 E.不重要

2.你认为我专业课程符合以上毕业要求的程度如何？

课程名称		符合毕业要求综合育人的程度
通识教育课程	思想道德修养与法律基础	A.非常符合 B.比较符合 C.一般 D.比较不符合 E.不符合
	形势与政策	A.非常符合 B.比较符合 C.一般 D.比较不符合 E.不符合
教师教育课程	教育心理学	A.非常符合 B.比较符合 C.一般 D.比较不符合 E.不符合
	现代教育学	A.非常符合 B.比较符合 C.一般 D.比较不符合 E.不符合
	班主任工作实务	A.非常符合 B.比较符合 C.一般 D.比较不符合 E.不符合
综合实践	毕业实习	A.非常符合 B.比较符合 C.一般 D.比较不符合 E.不符合
	毕业论文（设计）	A.非常符合 B.比较符合 C.一般 D.比较不符合 E.不符合

七、学会反思

1.你认为我专业毕业要求：学会反思的重要程度如何？

具体内涵：树立自主学习、终身学习理念。了解国内外基础教育改革发展动态，熟悉英语教师专业发展路径和策略，能够适应时代和教育发展需求，规划自己的专业学习与职业发展；系统掌握批判性思维方法和反思技能，能对自己的专业学习和教育教学活动进行反思；具有一定的创新意识，能够发现中学英语教育教学中的实际问题，并能进行初步分析和持续探究。

A.非常重要 B.比较重要 C.一般 D.比较不重要 E.不重要

2. 你认为我专业课程符合以上毕业要求的程度如何?

课程名称		符合毕业要求学会反思的程度
通识教育课程	大学生创新创业基础	A. 非常符合 B. 比较符合 C. 一般 D. 比较不符合 E. 不符合
	中国近代史纲要	A. 非常符合 B. 比较符合 C. 一般 D. 比较不符合 E. 不符合
学科基础课程	英语语法	A. 非常符合 B. 比较符合 C. 一般 D. 比较不符合 E. 不符合
	英语语音	A. 非常符合 B. 比较符合 C. 一般 D. 比较不符合 E. 不符合
	英语写作	A. 非常符合 B. 比较符合 C. 一般 D. 比较不符合 E. 不符合
专业课程	英语语言学导论	A. 非常符合 B. 比较符合 C. 一般 D. 比较不符合 E. 不符合
	第二外语	A. 非常符合 B. 比较符合 C. 一般 D. 比较不符合 E. 不符合
	跨文化交际	A. 非常符合 B. 比较符合 C. 一般 D. 比较不符合 E. 不符合
教师教育课程	教育心理学	A. 非常符合 B. 比较符合 C. 一般 D. 比较不符合 E. 不符合
	现代教育学	A. 非常符合 B. 比较符合 C. 一般 D. 比较不符合 E. 不符合
	英语教学论	A. 非常符合 B. 比较符合 C. 一般 D. 比较不符合 E. 不符合
实践教学课程	课程试讲	A. 非常符合 B. 比较符合 C. 一般 D. 比较不符合 E. 不符合
	毕业实习	A. 非常符合 B. 比较符合 C. 一般 D. 比较不符合 E. 不符合
	毕业论文（设计）	A. 非常符合 B. 比较符合 C. 一般 D. 比较不符合 E. 不符合

八、沟通合作

1. 你认为我专业毕业要求:沟通合作的重要程度如何?

具体内涵:理解和认同学习共同体的作用,具有良好的团队协作精神;掌握沟通合作技能,乐于分享交流实践经验,善于倾听利益相关方意见与建议;在专业学习和教育实践活动中,善于与同行伙伴、教师、学生家长及社会公众进行有效地沟通。

A. 非常重要 B. 比较重要 C. 一般 D. 比较不重要 E. 不重要

2. 你认为我专业课程符合以上毕业要求的程度如何？

课程名称		符合毕业要求沟通合作的程度
通识教育课程	大学生创新创业基础	A. 非常符合 B. 比较符合 C. 一般 D. 比较不符合 E. 不符合
学科基础课程	基础英语	A. 非常符合 B. 比较符合 C. 一般 D. 比较不符合 E. 不符合
	英语口语	A. 非常符合 B. 比较符合 C. 一般 D. 比较不符合 E. 不符合
	英语听力	A. 非常符合 B. 比较符合 C. 一般 D. 比较不符合 E. 不符合
专业课程	英语国家概况	A. 非常符合 B. 比较符合 C. 一般 D. 比较不符合 E. 不符合
	第二外语	A. 非常符合 B. 比较符合 C. 一般 D. 比较不符合 E. 不符合
	跨文化交际	A. 非常符合 B. 比较符合 C. 一般 D. 比较不符合 E. 不符合
教师教育课程	教师口语	A. 非常符合 B. 比较符合 C. 一般 D. 比较不符合 E. 不符合
	教师仪表与教态	A. 非常符合 B. 比较符合 C. 一般 D. 比较不符合 E. 不符合
实践教学课程	认知见习	A. 非常符合 B. 比较符合 C. 一般 D. 比较不符合 E. 不符合
	课程试讲	A. 非常符合 B. 比较符合 C. 一般 D. 比较不符合 E. 不符合
	毕业实习	A. 非常符合 B. 比较符合 C. 一般 D. 比较不符合 E. 不符合

九、总体评价

1. 你对本专业课程设置的总体评价

A. 非常满意 B. 比较满意 C. 一般 D. 比较不满意 E. 非常不满意

理由：_____

本专业课程设置的具体评价

1. 师德规范	A. 非常满意 B. 比较满意 C. 一般 D. 比较不满意 E. 非常不满意
2. 教育情怀	A. 非常满意 B. 比较满意 C. 一般 D. 比较不满意 E. 非常不满意
3. 学科素养	A. 非常满意 B. 比较满意 C. 一般 D. 比较不满意 E. 非常不满意
4. 教学能力	A. 非常满意 B. 比较满意 C. 一般 D. 比较不满意 E. 非常不满意
5. 班级指导	A. 非常满意 B. 比较满意 C. 一般 D. 比较不满意 E. 非常不满意
6. 综合育人	A. 非常满意 B. 比较满意 C. 一般 D. 比较不满意 E. 非常不满意
7. 学会反思	A. 非常满意 B. 比较满意 C. 一般 D. 比较不满意 E. 非常不满意
8. 沟通合作	A. 非常满意 B. 比较满意 C. 一般 D. 比较不满意 E. 非常不满意

2. 你比较喜欢什么样的课程?

———————————————————

3. 对我们专业的课程设置你有什么建议吗?

———————————————————

感谢你的合作!

附件3(问卷3)

重庆文理学院英语专业培养目标合理性调查问卷(用人单位版)

各位领导:

您好!为进一步完善英语专业人才培养方案,准确定位人才培养目标,优化课程体系,深化教育教学改革,特向您了解本专业人才培养目标的合理性。本次调查结果仅供完善人才培养使用。

衷心感谢您的支持和参与!

重庆文理学院外国语学院

2020 年 4 月

第一部分 您的基本信息

1. 您的性别 A. 男 B. 女

2. 您的工作单位是 ————————————

3. 您的职务是 ————————————

第二部分 对本专业培养目标合理性调查

1. 您认为本专业"立足重庆,面向西南,辐射全国"的专业定位是否合理。

A. 非常合理 B. 比较合理 C. 一般

D. 比较不合理(请说明理由 ————————————)

E. 非常不合理(请说明理由 ————————————)

2. 您认为培养目标 1 关于毕业生职业素养的目标内涵(忠诚党的教育事业,具有高尚的师德师风,立德树人,热爱基层教育工作,有高度的职业认同和社会责任感,展现良好的教育理想和教育情怀,了解国家教育发展战略和政策,熟悉并遵守国家教育法规。)是否合理。

A. 非常合理 B. 比较合理 C. 一般

D. 比较不合理(请说明理由 _____)

E. 非常不合理(请说明理由 _____)

3. 您认为培养目标 2 关于毕业生专业能力的目标内涵(具备扎实的英语语言知识,具有良好的英语语言运用能力。熟练掌握中学英语教学的基本原理、基本技能和方法,能综合运用教育学、心理学、英语学科知识、现代教育技术手段和教学技能,组织实施高质量中学英语教学活动,能上优质示范课,在教学团队建设中发挥骨干作用。并能针对教育教学中的实际问题,开展教学改革与研究,发挥示范引领作用。)是否合理。

A. 非常合理 B. 比较合理 C. 一般

D. 比较不合理(请说明理由 _____)

E. 非常不合理(请说明理由 _____)

4. 您认为培养目标 3 关于毕业生育人能力的目标内涵(具有德育为先的教育观,掌握重庆中学生的身心发展规律和英语学科认知特点,践行全员育人、全程育人、立体育人理念,能够胜任班主任工作和组织校园文化活动,开展综合育人,做帮助学生德智体美劳全面发展的引导者。)是否合理。

A. 非常合理 B. 比较合理 C. 一般

D. 比较不合理(请说明理由 _____)

E. 非常不合理(请说明理由 _____)

5. 您认为培养目标 4 关于毕业生专业发展的目标内涵(具有中国情怀和国际视野,了解我国国情和国际发展动态,具备较强的跨文化交际能力,具备健康的身心和良好的人文与科学素养,积极主动传播优秀中国传统文化。能在教育教学工作实践中具备较强的协调、沟通、管理与合作能力,并能不断反思与创新,不断借鉴与学习,能够通过继续教育或其他学习渠道更新知识,持续提升教师专业能力。)是否合理。

A. 非常合理 B. 比较合理 C. 一般

D. 比较不合理(请说明理由 _____)

E. 非常不合理(请说明理由 _____)

6. 您认为该专业学生"能在中学及其相关教育机构从事英语教学、教研、管理工作,毕业 5 年左右预期成为基层中学英语教学骨干和教育管理后备人才"是否合理。

A. 非常合理 B. 比较合理 C. 一般

D. 比较不合理(请说明理由 _____)

E. 非常不合理(请说明理由 _____)

7. 总的来说,您认为该专业人才培养目标是否合理。

A. 非常合理 B. 比较合理 C. 一般

D. 比较不合理(请说明理由 _____)

E. 非常不合理(请说明理由 _____)

第三部分 问题与建议反馈

1. 您觉得本专业人才培养目标,有哪些方面还不够合理,如何改进?

_____

2. 对于本专业人才培养目标,您还有哪些建议?

_____

十分感谢您的参与! 祝您工作顺利,生活愉快!

附件 4(问卷 4)

重庆文理学院外国语学院人才培养方案访谈提纲(校友)

感谢您参与本次调研,您的回答对我院英语专业质量提升十分重要。请如实回答以下问题,我们会对您的回答保密,仅作研究之用。

您毕业的年份: _____

目前任职的学校: _____

1. 您认为初中英语教育最大的特点是什么?初中英语教师最需要具备哪些能力?

_____

2. 如果一个入职 5 年内的英语教师成为骨干教师, 您认为他 / 她很可能具有什么样的教师素养?

_____

3. 您一般通过什么方式提升自己?

_____

4. 您认为我们专业培养的教师基本素养如何, 哪些方面更有优势? 哪些方面较弱?

_____

5. 您认为我院开设的课程和开展的活动中哪些对您的专业发展更

有价值？

6. 针对我院英语(师范)专业人才培养情况,您还有什么建议吗?